Magnet neu A2

Deutsch für junge Lernende

Kursbuch mit Audio-CD

Giorgio Motta
bearbeitet von Elke Körner, Ursula Esterl,
Silvia Dahmen (Phonetik) und Victoria Simons

Ernst Klett Sprachen
Stuttgart

Symbole

 52 Titelnummer auf der Audio-CD

Fit Aufgabe zur Prüfungsvorbereitung

 Hinweis auf passende Übungen
im Arbeitsbuch

1. Auflage   1 9 8 7 | 2020 19 18

Alle Drucke dieser Auflage sind unverändert und können im Unterricht nebeneinander verwendet werden.
Die letzte Zahl bezeichnet das Jahr des Druckes. Das Werk und seine Teile sind urheberrechtlich geschützt. Jede
Nutzung in anderen als den gesetzlich zugelassenen Fällen bedarf der vorherigen schriftlichen Einwilligung des
Verlags.

Giorgio Motta
Magnet
Grundkurs für junge Lerner
italienische Ausgabe
© Loescher Editore, Turin 2007

Giorgio Motta
bearbeitet von Elke Körner, Ursula Esterl,
Silvia Dahmen (Phonetik) und Victoria Simons
Magnet neu
Deutsch für junge Lernende
internationale Ausgabe
© Ernst Klett Sprachen GmbH, Stuttgart 2014.
Alle Rechte vorbehalten.
Internetadresse: www.klett-sprachen.de

Redaktion Victoria Simons, Annette Kuppler, Elena Rivetti, Chiara Versino
Layoutkonzeption Alexandra Veigel
Herstellung Alexandra Veigel
Gestaltung und Satz Wiebke Hengst, Ostfildern
Illustrationen Monica Fucini, Turin
Umschlaggestaltung Daniel Utz, Stuttgart; Anna Wanner
Reproduktion Meyle + Müller, Medien-Management, Pforzheim
Druck und Bindung Print Consult GmbH, München

ISBN 978-3-12-676085-0

MIX
Papier aus verantwor-
tungsvollen Quellen
FSC® C084279

Inhalt

Inhalt

Inhalt

Inhalt

Inhalt

Lektion 11

Einkäufe & Geschäfte

A Der Kühlschrank ist leer

Ja, ich weiß.

Gehst du auch in die Bäckerei?

Klar!

Ich gehe heute in den Supermarkt.

Wir müssen einkaufen gehen.

Mutti!

Der Kühlschrank ist leer!

In die Bäckerei gehe ich sowieso.

Hören ▶ 1

1 Wer sagt was? Hör zu und ordne zu.

Steffi: _____   Frau Ertl: _____

_____   _____

_____   _____

_____   _____

_____   _____

_____   _____

_____   _____

_____   _____

_____   _____

Wortschatz

2 **Was passt zusammen? Ordne zu.**

die Metzgerei

der Blumenladen

die Konditorei

die Apotheke

der Supermarkt

das Obst

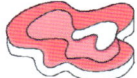

der Schinken

das Brot

das Gemüse

die Kleidung

der Kuchen

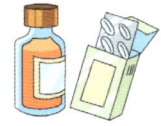

die Medikamente

die Blumen

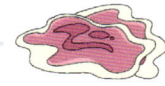

der Käse

das Fleisch

die Wurst

der Bioladen

das Gemüsegeschäft

die Bäckerei

das Kaufhaus

3 **Was passt zusammen? Ordne zu.**

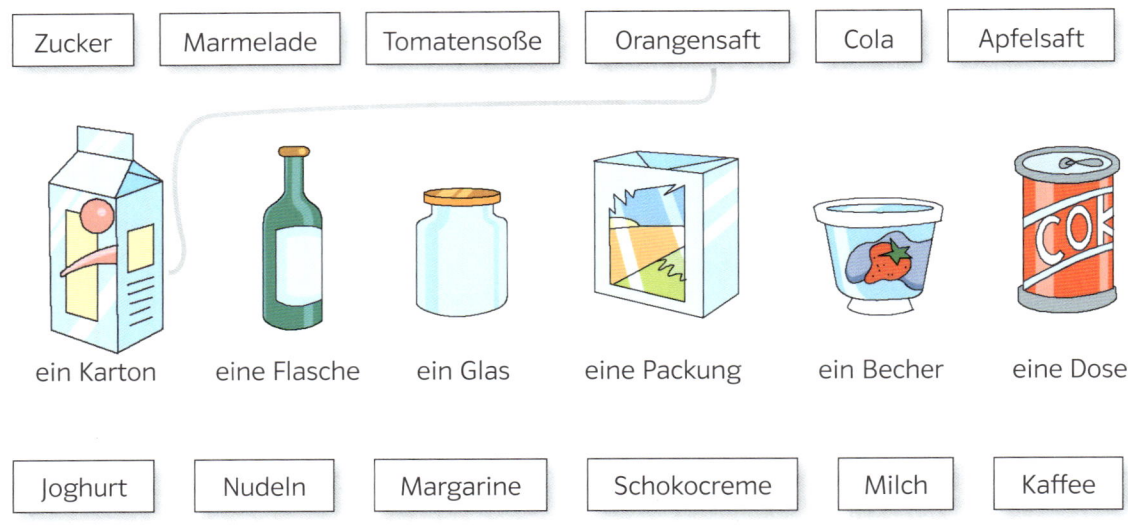

| Zucker | Marmelade | Tomatensoße | Orangensaft | Cola | Apfelsaft |

ein Karton   eine Flasche   ein Glas   eine Packung   ein Becher   eine Dose

| Joghurt | Nudeln | Margarine | Schokocreme | Milch | Kaffee |

Hören ▶ 2

4 **Zur Kontrolle: Hör zu und vergleiche.**

Sprechen

5 **Der Einkaufszettel. Fragt und antwortet wie im Beispiel.**

AB
1–7

B Einkaufen in deiner Stadt

Wortschatz

6 **Du brauchst … Wohin gehst du? Kreuze an.**

1. Ich brauche Fleisch. Ich gehe …
   - a ☐ in die Metzgerei
   - b ☐ in die Apotheke
   - c ☐ in den Bioladen

2. Ich brauche Käse. Ich gehe …
   - a ☐ ins Gemüsegeschäft
   - b ☐ in den Supermarkt
   - c ☐ in die Konditorei

3. Ich brauche einen Pullover. Ich gehe …
   - a ☐ in die Bäckerei
   - b ☐ ins Kaufhaus
   - c ☐ in den Supermarkt

4. Ich brauche Aspirin. Ich gehe …
   - a ☐ in den Bioladen
   - b ☐ in die Konditorei
   - c ☐ in die Apotheke

Sprechen

7 **Fragt und antwortet wie im Beispiel.**

- Du brauchst Brot. Wohin gehst du?
- Ich gehe in die Bäckerei oder in den Supermarkt.

Präposition *in* + Akkusativ

maskulin	neutral	feminin
in den	ins	in die

Sprechen

8 **Der Einkaufsplan von Frau Ertl. Fragt und antwortet wie im Beispiel.**

Montag	Dienstag	Mittwoch	Donnerstag	Freitag	Samstag	Sonntag
Bäckerei Konditorei	Bäckerei Super-markt	Metzgerei Bioladen	Bäckerei Lebensmittel-geschäft	Bäckerei Apotheke	Kaufhaus Konditorei	

Wohin geht Frau Ertl am Mittwoch?

Und am Sonntag?

Am Mittwoch geht Frau Ertl in die Metzgerei und in den Bioladen.

Am Sonntag sind die Geschäfte zu.

Sprechen

9 **Fragt und antwortet.**

- Geht Frau Ertl am Montag in die Metzgerei?
- Nein, am Montag geht Frau Ertl in die Bäckerei und in die Konditorei.

Aussagesatz

I	II	III	IV
Frau Ertl	geht	am Montag	in die Bäckerei.

10 **Auf dem Markt. Was passt zusammen? Ordne zu und bilde Sätze.**

| klein | grün | rot | saftig | reif | süß |

| bunt | groß | gelb | sauer | jung |

Tomaten sind rot. Äpfel sind saftig und grün oder

_____

_____

11 **Fragt und antwortet.**

- ● Was liegt am Obst- und Gemüsestand?
- ○ Am Obst- und Gemüsestand liegen saftig**e** grün**e** Äpfel.

- ● Was gibt es auf dem Markt?
- ○ Auf dem Markt gibt es rot**e** Tomaten.

Adjektiv + Nomen ohne Artikel (Plural)

Nominativ	Akkusativ
rot**e** Tomaten	saftig**e** Äpfel

Hören ▶ 3

12 **Steffi und ihre Mutter auf dem Markt: Was kaufen die beiden?
Was haben sie vergessen? Hör zu und notiere.**

Ich möchte gern …

Ich hätte gern …

1 kg Bananen
2 kg kleine Kartoffeln
2 l Milch
1/2 kg Karotten
2 frische Selleriestangen
200 g Käse
4 Becher Joghurt
1 kg saftige Äpfel
6 große Eier
4 Würste

Sie kaufen _____

_____

_____

Sie haben _____

_____ vergessen.

Schreiben

13 **Was möchtest du kaufen?
Ergänze den Einkaufszettel.**

1 kg reife Bananen
7
500 g

Sprechen

14 **Bildet Dialoge wie im Beispiel.**

● Guten Tag! Was darf es sein?
○ Guten Tag! Ich hätte gern /
  Ich möchte gern 1 kg reife Bananen.

AB
8–17

C Gibt es hier …?

Das gibt es in Wattens:

Apotheke
Bäckerei
Supermarkt
Kaufhaus
Konditorei
Blumenladen
Post
Bank

Das gibt es in Weitra:

Lebensmittelgeschäft
Café
Bäckerei
Blumenladen
Post
Restaurant
Kino
Metzgerei

Sprechen

15 **Gibt es in Wattens …? Fragt und antwortet.**

a ● Gibt es in Wattens einen Supermarkt?
○ Ja, in Wattens gibt es einen Supermarkt.

b ● Gibt es in Weitra eine Apotheke?
○ Nein, in Weitra gibt es keine Apotheke.

c ● Wo gibt es ein Restaurant?
○ In Weitra gibt es ein Restaurant.

Sprechen

16 **Fragt und antwortet wie im Beispiel.**

● Gibt es in deiner Stadt einen Bioladen?
○ Nein, in meiner Stadt gibt es keinen Bioladen.

Lesen

17 **Einkaufen in einem Einkaufszentrum: Wer ist dafür (+)? Wer ist dagegen (–)?
Notiere Namen und Gründe.**

> „Es ist sehr praktisch, hier finde ich einfach alles: Kleidung, CDs und DVDs, Lebensmittel, Bücher, Geschenke … So ist das eben: In einem Einkaufszentrum bekommt man alles!"
>
> Klaus Weber, 38

> „In einem Einkaufszentrum gibt es nicht nur Geschäfte, sondern auch Restaurants und Cafés. In manchen Einkaufszentren gibt es sogar eine Post, eine Apotheke oder eine Bank."
>
> Karin Alvarez, 17

> „In einem Einkaufszentrum kann man einen ganzen Tag einfach vertrödeln. Das ist nicht ideal! Man kauft oft Sachen, die man nicht braucht und gibt zu viel Geld aus."

Martin Kohl, 24

> „Ich finde es einfach schön, im Zentrum in einer Fußgängerzone zu shoppen. Vielleicht ist das nicht so praktisch wie in einem Einkaufszentrum, aber mir macht das so mehr Spaß!"

Eva-Maria Möller, 28

> „In meiner Stadt gibt es ein Einkaufszentrum. Ich gehe da echt gern mit meinen Eltern hin. Es gibt sogar einen Spielplatz für uns Kinder. Und am Samstagnachmittag gibt es ein Kinderprogramm mit Spielen. Toll!"

David Gruber, 10

dafür	dagegen	warum?
Klaus Weber		*In einem Einkaufszentrum bekommt man alles.*

Sprechen

18 **Was gibt es in dem neuen Einkaufszentrum? Fragt und antwortet.**

S1: Was gibt es in dem neuen Einkaufszentrum?
→ S2: In dem neuen Einkaufszentrum gibt es ein Modegeschäft.

S2: Was gibt es in dem neuen Einkaufszentrum?
→ S3: In dem neuen Einkaufszentrum gibt es ein Modegeschäft und ein Musikgeschäft.

S3: Was gibt es in dem neuen Einkaufszentrum?
→ S4: In dem neuen Einkaufszentrum gibt es ein Modegeschäft, ein Musikgeschäft und …

Gibt es in deiner Stadt ein Einkaufszentrum? Ergänze die Sätze und schreib einen kurzen Text.

a In meiner Stadt gibt es (k)ein Einkaufszentrum.
Das nächste Einkaufszentrum liegt 5 / 10 / 20 / … km weit weg.

b Das Einkaufszentrum heißt …

c Das Einkaufszentrum ist von … bis … Uhr geöffnet.

d In dem Einkaufszentrum gibt es viele Geschäfte. Es gibt zum Beispiel …

e Ich gehe	gern nicht gern oft nicht so oft	ins Einkaufszentrum.
f Ich gehe	mit meiner Familie / Mutter / Schwester mit meinem Vater / Bruder mit meinen Freunden / Freundinnen / Eltern	dorthin.
g Ich finde	die Atmosphäre die Architektur die Geschäfte die Leute	schön. modern. toll. nett.

In meiner Stadt gibt es kein Einkaufszentrum. Das nächste liegt _____

_____

_____

_____

_____

_____

_____

_____

[Phonetik]

a Metzgerei, Bäckerei, Konditorei. Hör zu und achte auf die Betonung. ▶4
Wo kann die Frau ein Ei kaufen? _____

b Hör zu, sprich nach und klopf bei der betonten Silbe auf den Tisch.
Kennst du noch andere Wörter, die auf -*ei* enden? ▶5

c Wo kaufst du Brot, Brötchen, Wurst, Schinken, Fleisch und Kuchen?
Frag deinen Partner / deine Partnerin. Er / sie antwortet.

AB 18–21

Landeskunde

Einkaufen bequem von zu Hause

Das Gemüse kommt bei Familie Nowak als Abonnement mit der Post. Einmal in der Woche schickt ein Bauernhof aus der Nähe die bestellte Bio-Gemüsekiste. Darin sind verschiedene Gemüsesorten und nach Wunsch auch Obst, Eier oder frische Milch. Die Lebensmittel kann jeder selbst aussuchen: Einfach den Einkaufszettel im Internet ausfüllen, die Menge angeben, online bezahlen und die Adresse nicht vergessen.

Gemüsekisten gibt es in ganz Deutschland von verschiedenen Anbietern. Sie kosten etwa 30 Euro pro Woche.

Herr Nowak findet den Online-Einkauf sehr praktisch: „So muss ich nach der Arbeit nicht in den Supermarkt hetzen und frisches Gemüse kaufen. Alles kommt in der Gemüsekiste zu mir nach Hause."

Sabine und ihre Schwester Corinna mögen in der Gemüsekiste am liebsten rote Radieschen oder frische Äpfel.

Einen Nachteil hat die Sache doch: Tomaten im Dezember oder exotische Früchte wie Bananen oder Kiwi gibt es in der Bio-Gemüsekiste nicht: Das Obst und Gemüse wird so verkauft, wie es auf den Feldern der Region wächst. Dafür ist es aber immer frisch und saftig.

Lesen

20 **Richtig (R) oder Falsch (F)? Lies und kreuze an.**

	R	F
1. In der Gemüsekiste sind immer Kartoffeln und Salat.	☐	☐
2. Die Gemüsekiste kauft man im Supermarkt.	☐	☐
3. Herr Nowak hat viel Zeit zum Einkaufen.	☐	☐

Grammatik auf einen Blick

Das Fragewort *wohin* und die Präposition *in* + Akkusativ

Wohin gehst du?
Ich gehe in den Blumenladen / ins Kaufhaus / in die Bäckerei.

	maskulin	neutral	feminin
wohin?	in den	ins (in das)	in die

Wo steht das Verb, wo das Subjekt?

Das konjugierte Verb steht auf Position _____.
Auf Position I können unterschiedliche Satzteile stehen.
Das Subjekt steht auf Position I oder _____.

Wortstellung im Aussagesatz

I	II	III	IV
Frau Ertl	geht	am Montag	in die Bäckerei.
Am Montag	geht	Frau Ertl	in die Bäckerei.
In die Bäckerei	geht	Frau Ertl	am Montag.

Deklination der Adjektive (1)

Äpfel sind saftig und grün.
Am Obst- und Gemüsestand liegen saftige grüne Äpfel.
Tomaten sind rot.
Auf dem Markt gibt es rote Tomaten.

Adjektiv + Nomen ohne Artikel	
	Plural
Nominativ	rot**e** Tomaten
Akkusativ	saftig**e** Äpfel

Steht das Adjektiv vor einem Nomen ohne Artikel, ist die Endung wie der letzte Buchstabe des bestimmten Artikels:
Plural: rot**e** Tomaten
           di**e** Tomaten

Was sagst du, wenn du höflich um etwas bittest?

Wenn du z. B. beim Einkaufen höflich sein möchtest, verwendest du am besten:
Ich _____ / _____ gern + Akkusativ.

Höfliche Bitte

Ich hätte gern 1 kg Bananen.
Ich möchte gern saftige Äpfel.

Wortschatz: Das ist neu!

das Geschäft, -e

die Apotheke, -n

die Bäckerei, -en

die Bank, -en
Ich gehe auf die Bank.

der Bioladen, ⸚

der Blumenladen, ⸚

das Gemüsegeschäft, -e

die Konditorei, -en

das Lebensmittelgeschäft, -e

die Metzgerei, -en

das Modegeschäft, -e

die Post (Singular)

das Einkaufszentrum, Einkaufszentren

der Markt, ⸚e

der Supermarkt, ⸚e

die Fußgängerzone, -n

der Spielplatz, ⸚e
Gibt es hier einen Spielplatz?

der Einkauf, ⸚e

einkaufen
Er kauft ein.

das Geld (Singular)

ausgeben (er gibt aus)
In einem Einkaufszentrum gibt man viel aus.

geöffnet
Das Einkaufszentrum ist bis 21 Uhr geöffnet.

bekommen

die Blume, -n

das Medikament, -e

das Aspirin (Singular)

der Apfel, ⸚

die Karotte, -n

die Kartoffel, -n

die Paprika, -

die Selleriestange, -n

die Tomate, - n

die Zitrone, -n

der Zucker (Singular)

die Packung, -en
Ich kaufe eine Packung Nudeln.

die Dose, -n
Ich trinke eine Dose Cola.

der Becher, -
Ich kaufe zwei Becher Joghurt.

die Flasche, -n
Ich kaufe eine Flasche Saft.

das Glas, ⸚er
Ich trinke ein Glas Wasser.

der Karton, -s
Wir brauchen zwei Kartons Milch.

alles

leer
Der Kühlschrank ist leer.

modern

bunt

jung

reif

saftig

sauer

süß

der Kühlschrank, ⸚e

die Sache, -n

sogar

und zwar
Ich brauche Milch, und zwar zwei Kartons.

zu sein
Die Geschäfte sind am Sonntag zu.

Lektion 12

Hier wohne ich!

A Unsere Wohnung

> Das ist unsere Wohnung. Sie liegt im Zentrum von Erlangen, in der Bahnhofstraße. Sie ist nicht sehr groß (70 m²), aber sehr gemütlich. Sie hat drei Zimmer, und zwar zwei Schlafzimmer und ein Wohnzimmer. Und natürlich eine Küche und ein Bad. Den Balkon finde ich besonders schön. Die Wohnung liegt im 3. (dritten) Stock.

Lesen

1 **Zum Verständnis: Bilde Sätze.**

Die Wohnung von Steffi und ihrer Mutter	ist liegt hat	eine Küche. drei Zimmer. im Zentrum von Erlangen. nicht sehr groß. im dritten Stock. einen Balkon. gemütlich.

Die Wohnung von Steffi und ihrer Mutter liegt im Zentrum von Erlangen.

_____

_____

_____

Wortschatz

2 **Wie ist die Wohnung? Bilde Sätze.**

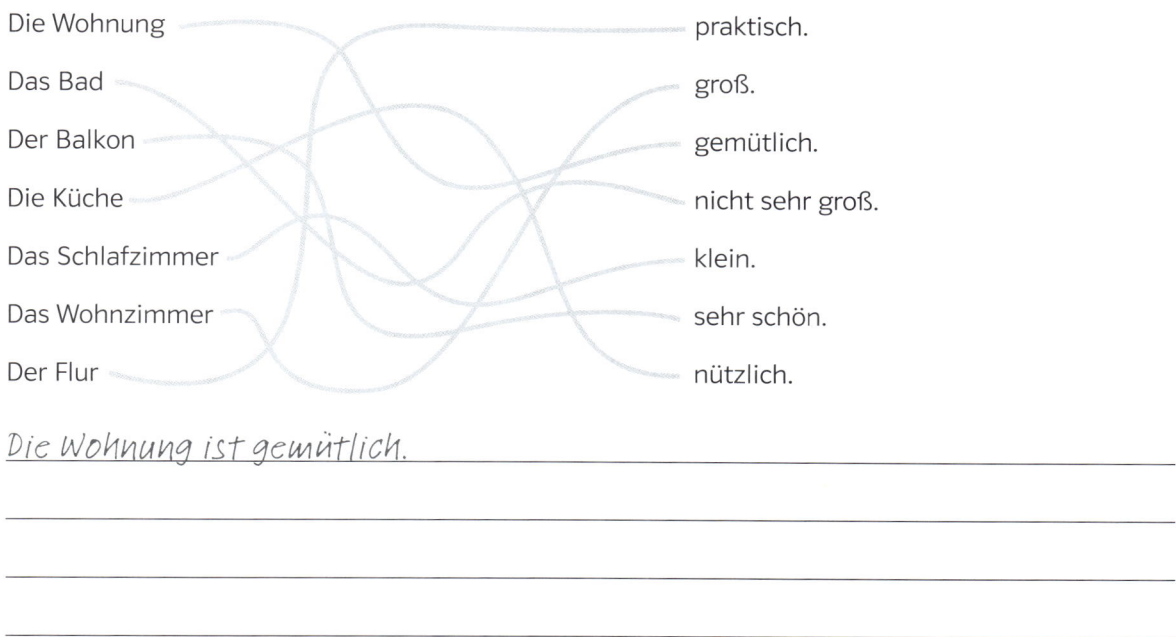

Die Wohnung   praktisch.

Das Bad   groß.

Der Balkon   gemütlich.

Die Küche   nicht sehr groß.

Das Schlafzimmer   klein.

Das Wohnzimmer   sehr schön.

Der Flur   nützlich.

Die Wohnung ist gemütlich.

_____

_____

_____

_____

Sprechen

3 **Fragt und antwortet wie im Beispiel.**

- ● Wie ist die Wohnung von Steffi und ihrer Mutter?
- ○ Die Wohnung von Steffi und ihrer Mutter ist gemütlich.

Grammatik

4 **Lies die Dialoge und ergänze die Tabelle.**

- ● Wie findest du die Wohnung von Steffi und ihrer Mutter?
- ○ Gemütlich. Ich finde, es ist eine gemütliche Wohnung!

- ● Und wie gefällt dir das Bad?
- ○ Ein bisschen klein. Ich finde, es ist ein kleines Bad!

- ● Und wie ist der Balkon?
- ○ Groß. Das ist wirklich ein großer Balkon!

maskulin	neutral	feminin
ein groß____ Balkon	ein klein____ Bad	eine gemütlich____ Wohnung

Sprechen

5 **Fragt und antwortet wie im Beispiel.**

- ● Wie gefällt dir der Flur?
- ○ Der Flur ist praktisch. Ja, ich finde, es ist ein praktischer Flur.

6 **Wie wohnst du? Ergänze die Sätze und schreib einen kurzen Text.**

1. Ich wohne …
   - ☐ in einer Wohnung.
   - ☐ in einem Haus.

2. Unsere Wohnung / Unser Haus liegt …
   - ☐ im Zentrum.
   - ☐ am Stadtrand.
   - ☐ auf dem Land.

3. Unsere Wohnung liegt …
   - ☐ im ersten Stock.
   - ☐ im zweiten Stock.
   - ☐ im dritten Stock.

4. Unsere Wohnung / Unser Haus ist …
   - ☐ klein.   ☐ gemütlich.
   - ☐ groß.   ☐ neu.
   - ☐ schön.   ☐ nicht mehr so neu.

5. Unsere Wohnung / Unser Haus hat …
   - ☐ 2, 3, 4, … Zimmer.
   - ☐ einen Balkon.
   - ☐ eine Terrasse.
   - ☐ einen Garten.

6. Unsere Wohnung / Unser Haus …
   - ☐ gefällt mir.
   - ☐ gefällt mir nicht so sehr.
   - ☐ finde ich super.
   - ☐ finde ich nicht so schön.

Ich wohne _____

_____

7 **Wie findest du mein Zimmer? Fragt, antwortet und ergänzt die Tabelle.**

> Tanja, wie findest du mein Zimmer?

> Gemütlich. Du hast echt *ein* gemütlich*es* Zimmer! Und *einen* wirklich groß*en* Balkon!

> Und wie findest du die Küche?

> Sehr modern. Ja, ich finde, ihr habt *eine* sehr modern*e* Küche!

Übt weiter mit:

der Flur – das Bad – das Wohnzimmer – die Wohnung – das Schlafzimmer

maskulin	neutral	feminin
ein groß____ Balkon	ein klein____ Bad	eine gemütlich____ Küche

B Wo macht man was?

8 **Was passt zusammen? Ordne zu.**

1 essen

2 sich anziehen

3 frühstücken

4 fernsehen

5 schlafen

6 lesen

a die Küche   d das Bad

b das Wohnzimmer   e der Balkon

c das Schlafzimmer   f das Arbeitszimmer

12 für die Schule lernen

7 sich waschen

8 Hausaufgaben machen

9 duschen

10 auf die Toilette gehen

11 sich sonnen

9 **Was kann man wo machen? Bilde Sätze.**

> **Das Pronomen _man_**
> man = alle Leute

Im	Küche	duschen.
In der	Wohnzimmer	schlafen.
Auf dem	Schlafzimmer	Hausaufgaben machen.
	Bad	sich waschen.
	Arbeitszimmer	essen.
	Balkon	sich sonnen.

kann man ... lesen. / sich anziehen / frühstücken. / auf die Toilette gehen. / fernsehen. / für die Schule lernen. / essen.

Im Wohnzimmer kann man fernsehen. Im Bad kann man sich waschen.

Fragt und antwortet.

a ● Was macht man im Bad?
  ○ Im Bad duscht man. Oder man wäscht sich.

b ● Wo kann man essen?
  ○ In der Küche. Oder im Wohnzimmer.

Schreiben

 Beantworte die Fragen wie im Beispiel.

> *sich*-Verben
> Ich wasche **mich**.
> Du wäschst **dich**.
> Er / Es / Sie wäscht **sich**.

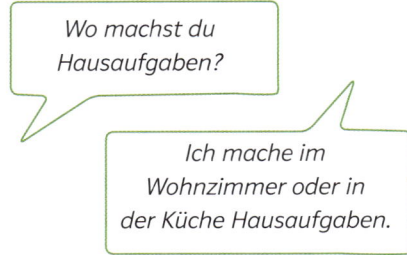

> Wo machst du
> Hausaufgaben?

> Ich mache im
> Wohnzimmer oder in
> der Küche Hausaufgaben.

> Wo ziehst du dich an?

> Ich ziehe mich im
> Schlafzimmer an.

1. Wo isst du zu Mittag?
2. Wo frühstückst du?
3. Wo lernst du für die Schule?
4. Wo wäschst du dich?
5. Wo siehst du fern?

6. Wo schläfst du?
7. Wo liest du Zeitung?
8. Wo sonnst du dich?
9. Wo ziehst du dich an?
10. Wo duschst du?

Sprechen

So ein Quatsch! Bildet Sätze, sprecht in der Klasse und korrigiert.

AB
10–13

C Möbel & Einrichtung

das Bett

die Stühle

der Fernseher

das Sofa

die Mikrowelle

der Kleiderschrank

das Bücherregal

der Teppich

der Esstisch

die Stehlampe

der Computer

der Kühlschrank

der Schreibtisch

der Geschirrspüler

Hören ▶ 6

13 **Hör zu und sprich nach.**

Wortschatz

14 **Schaue dir die Bilder eine Minute lang an und merke dir die Gegenstände. Mach dann das Buch zu. Nenne so viele Dinge wie möglich.**

15 **Wo sind die Möbel? Bilde Sätze.**

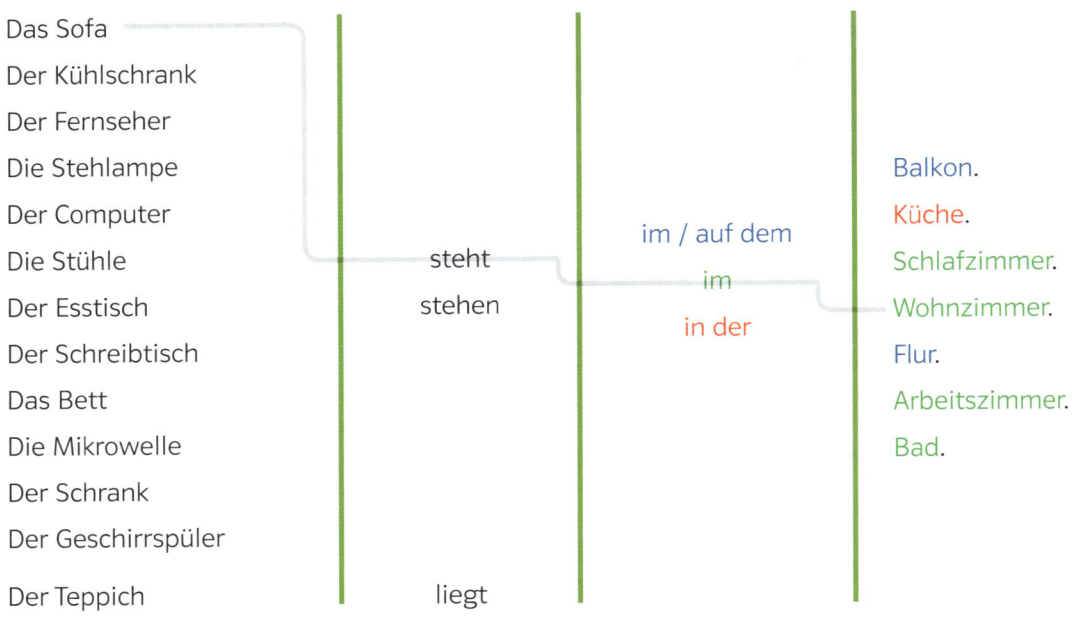

Das Sofa		
Der Kühlschrank		Balkon.
Der Fernseher		Küche.
Die Stehlampe		Schlafzimmer.
Der Computer	im / auf dem	Wohnzimmer.
Die Stühle	steht	Flur.
Der Esstisch	stehen	im	Arbeitszimmer.
Der Schreibtisch		in der	Bad.
Das Bett		
Die Mikrowelle		
Der Schrank		
Der Geschirrspüler		
Der Teppich	liegt	

Das Sofa steht im Wohnzimmer.

16 **Verkehrte Welt. Fragt und antwortet wie im Beispiel.**

Präposition *in* + Dativ

Wo…?   Im Flur.
　　　 Im Schlafzimmer.
　　　 In der Küche.

● Wo steht das Bett?
○ Im Wohnzimmer, klar!

17 **Bei Steffi zu Hause. Was passt zusammen? Ordne zu.**

☐ 1. Der Teppich liegt unter dem Tisch.
☐ 2. Der Schrank steht neben dem Bett.
☐ 3. Der Computer steht auf dem Schreibtisch.
☐ 4. Der Fernseher steht im Bücherregal.
☐ 5. Das Sofa steht neben der Stehlampe.

A

B

C

D

E

18 **Zur Kontrolle: Hör zu und vergleiche.**

Grammatik

19 **Wie ist es bei dir zu Hause? Bilde Sätze wie im Beispiel.**

| Computer | Bett | CD-Player | Deutschbuch | Schrank | Teppich | Lampe |

> auf dem Schrank • neben der Lampe • auf dem Schreibtisch • auf dem Esstisch •
> neben dem Schrank • neben dem Sofa • im Bücherregal • unter dem Esstisch •
> neben der Kommode • unter dem Schreibtisch • unter dem Sofa • neben dem Bett

Mein CD-Player steht auf der Kommode. Meine
Lampe steht neben _____

> **Präposition** *auf*, *neben*, *unter* **+ Dativ**
> Wo…?   Auf dem Schrank.
>   Neben der Lampe.
>   Unter dem Sofa.

Hören ▶ 8

20 **Wie lautet der Plural? Hör zu und ergänze.**

ein Tisch, zwei Tisch___   ein Regal, zwei Regal___
ein Sofa, zwei Sofa___   ein Teppich, zwei Teppich___
ein Stuhl, zwei Stühl___   ein Bett, zwei Bett___
ein Schrank, zwei Schränk___   ein Computer, zwei Computer___
eine Lampe, zwei Lamp___   ein Fernseher, zwei Fernseher___

Sprechen

21 **Fragt und antwortet wie im Beispiel.**

> Betten • Tische • Stühle • Schränke • Teppiche

● Wie viele Tische sind in eurer Wohnung / eurem Haus?
○ In unserer Wohnung / in unserem Haus sind drei Tische.

> **[Phonetik]**

a Hör zu, lies mit und achte auf die Endung der Adjektive. ▶ 9
ein groß**er** – eine groß**e,** ein gemütlich**er** – eine gemütlich**e,**
ein praktisch**er** – eine praktisch**e,** ein neu**er** – eine neu**e**
b Hör zu und sprich nach. ▶ 10
c Notiert auf Zetteln Nomen (Räume und Möbel) und Adjektive.
  Zieht 3 Zettel, bildet Sätze wie im Beispiel und lest sie in der Klasse vor.

Küche

Stuhl   *groß*

> *In unserer Küche*
> *steht ein großer Stuhl.*

Grammatik auf einen Blick

Deklination der Adjektive (2)

Der Balkon ist groß.

Das ist ein großer Balkon! Ihr habt einen großen Balkon.

Das Bad ist klein.

Ich finde, es ist ein kleines Bad. Ihr habt ein kleines Bad.

Die Küche ist modern.

Das ist eine moderne Küche. Ihr habt eine moderne Küche.

unbestimmter Artikel + Adjektiv + Nomen				
	maskulin	**neutral**	**feminin**	**Plural**
Nominativ	ein groß**er** Balkon	ein klein**es** Bad	eine modern**e** Küche	groß____ Stühle
Akkusativ	ein**en** groß**en** Balkon	ein klein**es** Bad	eine modern**e** Küche	groß____ Stühle

Welche Endung hat das Adjektiv vor Nomen ohne Artikel im Plural? Erinnerst du dich?

sich-Verben

Ich ziehe mich im Schlafzimmer an.

Wo sonnst du dich?

Lukas wäscht sich im Wohnzimmer.

Ich	wasche	**mich**	
Du	wäschst	**dich**	im Bad.
Er / Es / Sie	wäscht	**sich**	

Manche Verben brauchen ein Reflexivpronomen (*mich, dich, sich* etc.). In deiner Wortliste findest du diese Verben immer mit *sich*: sich waschen, _____ anziehen, _____ sonnen, usw.

Das Pronomen *man*

Wo kann man essen?

Man kann in der Küche essen.

Was macht man im Bad?

Man duscht oder man wäscht sich.

man = alle Leute
Das Verb hat die gleiche Form wie bei ____, ____, ____!

Die Präpositionen *in, auf, unter, neben* + Dativ

Wo kann man essen?   In der Küche.
Wo frühstückst du?   Auf dem Balkon.
Wo steht das Sofa?   In dem (im) Wohnzimmer.
Wo liegt der Teppich? Unter dem Tisch.
Wo steht das Sofa?   Neben der Stehlampe.

	maskulin	neutral	feminin
wo?	**im**	**im**	in der
	auf dem	auf dem	auf der
	unter dem	unter dem	unter der
	neben dem	neben dem	neben der

In Antworten auf die Frage
_____ stehen die
Präpositionen *in, auf, unter* und
neben mit _____.

 = in dem

Plural

	⸚er
das Bad	die B**ä**d**er**

	-e
der Tisch	die Tisch**e**
der Teppich	die Teppich**e**

	⸚e
der Stuhl	die St**ü**hl**e**
der Schrank	die Schr**ä**nk**e**

	-n
die Lampe	die Lampe**n**

	-en
das Bett	die Bett**en**

	–
das Zimmer	die Zimmer
der Fernseher	die Fernseher

	-s
das Sofa	die Sofa**s**

Erinnerst du dich an die Pluralendungen?

Wortschatz: Das ist neu!

das Haus, ¨er

die Wohnung, -en

der Stock, ¨
Wir wohnen im dritten Stock.

das Zentrum, Zentren
Ich wohne im Zentrum.

der Stadtrand, ¨er
Ich wohne am Stadtrand.

das Zimmer, -

das Arbeitszimmer, -
Ich lerne im Arbeitszimmer.

das Bad, ¨er

der Flur, -e

die Küche, -n
In der Küche kann man essen.

das Schlafzimmer, -

das Wohnzimmer, -

der Balkon, -s
Ich sonne mich auf dem Balkon.

der Garten, ¨

die Terrasse, -n
Wir frühstücken auf der Terrasse.

die Einrichtung (Singular)

die Möbel (Plural)

das Bücherregal, -e

der CD-Player, -

der DVD-Player, -

der Esstisch, -e

der Fernseher, -

der Geschirrspüler, -

der Kleiderschrank, ¨e

die Kommode, -n

die Lampe, -n

die Mikrowelle, -n

das Regal, -e
Die Bücher stehen im Regal.

der Schrank, ¨e

der Schreibtisch, -e

das Sofa, -s

die Stehlampe, -n

der Tisch, -e

der Teppich, -e

sich anziehen (er zieht sich an)

duschen

auf die Toilette gehen

sich waschen (er wäscht sich)

sich sonnen (er sonnt sich)

auf
Der Computer steht auf dem Schreibtisch.

in
Das Sofa steht im Wohnzimmer.

neben
Der Schrank steht neben dem Schreibtisch.

unter
Der Hund sitzt unter dem Tisch.

liegen
Der Teppich liegt unter dem Tisch.

stehen
Die Lampe steht neben dem Sofa.

gemütlich

echt
Dein Zimmer ist echt schön.

natürlich

wirklich
Der Balkon ist wirklich toll.

der Quatsch (Singular)

die Zeitung, -en

Zwischenstation 6

Wohnen in Deutschland

A   B   C   D   E

„ Ich wohne in Berlin. Die Mauer gibt es schon lange nicht mehr, aber meine Eltern sagen immer noch Ost-Berlin. Wir wohnen in einer Plattenbau-Wohnung. Das waren zu DDR-Zeiten billige Sozialwohnungen. Heute sind diese Wohnungen saniert und nicht so schlecht. Ich wohne gern hier. "

Fabian

„ Ist diese Villa nicht wunderschön? Ich wohne … nicht hier, sondern in einem Häuschen im Park. Mein Vater ist Gärtner. Die Villa gehört Familie Waldner. Sie haben ein Juwelierge-schäft in München. Ich spiele gern im Park. Und im Sommer darf ich sogar im Swimmingpool baden. Toll! "

Kevin

„ Ich wohne auf einem Bauernhof in Wangen. Das liegt in Bayern. Meine Eltern sind Bauern. Wir haben viele Tiere: 12 Kühe, 20 Schafe, 30 Hühner, 2 Hunde und 3 Katzen. Es gefällt mir hier auf dem Land: Die Luft ist sauber, es gibt wenig Verkehr. "

Stefan

„ Ich wohne auf Helgoland. Das ist eine kleine Insel in der Nordsee. Hier wohnen 2000 Leute. Dazu die vielen Touristen, natürlich! Auf der Insel gibt es ein Rathaus, ein Kur-haus, viele Hotels und Pensionen. Meine Eltern haben ein kleines Hotel, dort wohnen wir auch. Die Insel liegt ca. 70 km von der Küste entfernt. Mit dem Schiff braucht man mehr als zwei Stunden. "

Silke

„ Das ist unser Haus. Solche Häuser sind typisch deutsch und heißen Fachwerkhäuser. Ich wohne in Celle, in Norddeutsch-land, und hier gibt es viele Fachwerkhäuser. Unser Haus ist sehr alt: es gehörte meinem Ur-Ur-Ur-Urgroßvater. Innen ist es sehr komfortabel. Im Sommer ist es sehr kühl, im Winter warm. "

Pia

Lesen

1 **Wer wohnt wo? Ordne die Texte den Fotos zu.**

☐ Fabian   ☐ Kevin   ☐ Stefan   ☐ Silke   ☐ Pia

2 **Wer sagt was? Ergänze die Namen.**

1. Ich wohne in Süddeutschland. _____

2. Unsere Wohnung war eine typische DDR-Wohnung. _____

3. Auf dem Land ist wenig Verkehr. _____

4. Ich wohne in einem Hotel. _____

5. Unser Haus ist typisch deutsch. _____

6. Ich wohne in einem kleinen Haus in einem Park. _____

7. In Norddeutschland sieht man viele solcher Häuser. _____

8. Viele Touristen machen hier Urlaub. _____

9. Die Hausbesitzer haben ein Geschäft. _____

10. Früher gab es in Berlin eine Mauer. _____

Hören ▶ 11

3 **Komische Adressen. Hör zu und ergänze die Tabelle.**

Herr Beck

Bettina

Wo?	in einem Wohnwagen	auf einem Boot
Seit wann?		
Warum?		
Wie groß?		
Miete		
Zufrieden?		

Schreiben

4 **Schreib eine E-Mail an die Jugendzeitschrift *aktuell*. Beantworte darin die Fragen aus der Anzeige.**

**Wir wollen wissen,
wie DU wohnst!**

Wohnst du auf dem Land oder in der Stadt? In einer großen oder kleinen Stadt?
Oder vielleicht gar am Meer oder an einem See? In einem Haus oder in einer Wohnung?
Hast du ein Zimmer für dich oder teilst du es mit deinen Geschwistern?
Wohnst du gern dort? Schreib uns doch einfach einen kurzen Text und schick uns
am besten ein Foto von deinem Zimmer, eurem Haus oder eurem Garten mit!
Die besten Beschreibungen findet ihr in der nächsten Ausgabe!
Und der Gewinner bekommt ein cooles Sofa!

✉redaktion@aktuell.de

Hallo aktuell-Redaktion!
Ich wohne _____
_____
_____

Sprechen

5 **Wohnen: Fragen stellen und auf Fragen antworten.**
Übt zu zweit: Zieht eine Karte, fragt und antwortet wie im Beispiel.

Thema: Wohnen

Wo ...?

Thema: Wohnen

Wer ...?

Thema: Wohnen

Wie ist ...?

Thema: Wohnen

Was gefällt ...?

Thema: Wohnen

Wie lange ...?

Thema: Wohnen

Was gibt es ...?

Was gefällt dir in deiner Stadt?

Mir gefällt der Marktplatz, ...

6 **Neu im Internat. Schreib die Geschichte weiter.**

Eine neue Schule und ein neues Zimmer! Gestern war Kristina noch in Hamburg, zu Hause bei Mama und Papa, jetzt steht sie vor Zimmer 26 in der Internatsschule. Ihre Eltern sind zurück nach Hamburg gefahren und sie muss hier bleiben. „Das Internat gefällt dir bestimmt!", hat ihre Freundin Vanessa zu Hause noch zu ihr gesagt. Kristina öffnet die Zimmertür und sieht sich um: Es gibt zwei alte Betten, zwei kleine Schränke,

_____

_____

_____

_____

_____

_____

_____

7 **Beschreibe das Foto. Dein Partner / Deine Partnerin schließt das Buch. Er / Sie hört dir zu und zeichnet so das Zimmer.**

Landeskunde

Zu Besuch auf dem Sofa
Mit *hospitality club* von Chile nach Hildesheim

5. Juli 2014 Familie Lauenberger hat in dieser Woche ganz besonderen Besuch, nämlich den Studenten Eduardo, 19 Jahre alt, aus Chile. Der Gast und seine Gastgeber kennen sich nur über den hospitality club, ein Gastfreundschafts-Netzwerk im Internet. Dort kann jeder ein Sofa/ ein Bett in seiner Wohnung anbieten oder eine Übernachtung in einer anderen Stadt suchen. Es kostet nichts, man muss nur einen Steckbrief auf der Internetseite von *hospitality club* ausfüllen. Dort beschreibt man seine Wohnung und erzählt etwas über sich. Möchte man ein freies Sofa finden, schreibt man eine E-Mail an verschiedene Gastgeber und wartet auf eine Antwort. Nicht immer haben die Gastgeber Zeit oder Platz für einen Gast.

Eduardo erzählt von seinen *hospitality club*-Erfahrungen: „Der *hospitality club* ist echt toll. Ich habe bestimmt auf 40 verschiedenen Sofas geschlafen und Freunde in acht verschiedenen Ländern gefunden. Mir gefällt besonders die gemütliche Atmosphäre in einer Wohnung. Das bekomme ich in einem Hotel so nicht."

Eine *hospitality club*-Übernachtung ist immer eine Überraschung: Oft schläft der Gast im Wohnzimmer auf dem Sofa, aber manchmal gibt es sogar ein Bett in einem Gästezimmer für ihn. Beim hospitality club wohnt der Gast mal auf dem Land oder isst im Lieblingscafé des Gastgebers.

Eduardo gefällt es bei Familie Lauenberger sehr gut: Am ersten Tag haben ihm Herr Lauenberger und seine zwei Kinder Hildesheim gezeigt. Gestern haben sie gemeinsam auf der Terrasse gefrühstückt. Eduardo hat auch schon für seine Gastgeber gekocht – ein chilenisches Gericht natürlich. Die Wohnung gefällt ihm. Sie ist groß und sehr modern. Zu Hause in Chile möchte er sein Sofa auch auf *hospitality club* anbieten. Vielleicht kommt Familie Lauenberger ja mal zu Besuch. Den *hospitality club* gibt es seit dem Jahr 2000. Die Idee zu dem Netzwerk hatte Veit Kühne, ein junger Student aus Dresden.

Lesen

8 **In der Zeitung findest du diesen Artikel. Antworte auf die Fragen mit wenigen Wörtern.**

1. Wo schläft man beim *hospitality club*?

   _____

2. Was mag Eduardo am *hospitality club*?

   _____

3. Wie ist die Wohnung von Familie Lauenberger?

   _____

4. Wo haben Familie Lauenberger und ihr Gast morgens gegessen?

   _____

Lektion 13

Es ist passiert!

A Ich habe mir das Bein gebrochen

Ja, ich habe mir beim Fußballspielen das Bein gebrochen …

Mensch Markus, was ist passiert? Hattest du einen Unfall?

Lesen

Fit

1 **Welcher Text passt zu welchem Bild? Ordne zu und bring dann die Sätze in die richtige Reihenfolge.**

☐ a Der Trainer hat mich ins Krankenhaus gebracht.

☐ b Ein Spieler hat mich dann gefoult und ich bin hingefallen.

☐ c Ich habe sogar ein Tor geschossen.

3 d Ich habe am Samstag Fußball gespielt.

☐ e Nach einigen Minuten bin ich wieder aufgestanden, aber das Bein hat wehgetan.

☐ f Der Trainer ist sofort zu mir gelaufen. Er hat gesagt: „Ich fürchte, das Bein ist gebrochen."

Reihenfolge: ☑ ☐ ☐ ☐ ☐ ☐

Hören ▶ 12

2 Zur Kontrolle: Hör zu und vergleiche.

Grammatik

3 Was hat Markus gemacht? Ordne zu.

1. Er hat sich das Bein	a hingefallen
2. Er hat am Samstag Fußball	b gelaufen
3. Er hat sogar ein Tor	c gebrochen.
4. Ein Spieler hat Markus	d gebracht.
5. Er ist	e wehgetan.
6. Das Bein hat sofort	f gespielt.
7. Der Trainer ist zu Markus	g gefoult.
8. Markus ist wieder	h geschossen.
9. Der Trainer hat Markus ins Krankenhaus	i aufgestanden.

4 **Erzähl mit deinen Worten, was passiert ist.**

Verben im Perfekt

Sehr viele Verben bilden das Perfekt mit ● *haben*.
Verben der Bewegung → bilden das Perfekt mit *sein*.

5 **Wie ist es weitergegangen? Diskutiert in der Klasse.**

Hat Markus im Auto geweint?
Hat man Markus im Krankenhaus das Bein eingegipst?
Ist Markus im Krankenhaus geblieben oder ist er dann nach Hause gegangen?
Wie ist das Spiel ausgegangen?
Hat die Mannschaft von Markus gewonnen oder verloren?

Partizip Perfekt

Regelmäßige Verben	Unregelmäßige Verben	Trennbare Verben
ge-…t: **ge**wein**t**	ge-…en: **ge**blieb**en**	…-ge-…t/en: ein**ge**gips**t**

6 **Wie lautet das Perfekt? Verbinde.**

brechen	hat … gesagt
bringen	hat … gespielt
spielen	ist … aufgestanden
weinen	hat … eingegipst
schießen	hat … geweint
eingipsen	hat … gefoult
foulen	hat … gebrochen
bleiben	hat … wehgetan
hinfallen	hat … verloren
gehen	hat … gewonnen
laufen	hat … gebracht
gewinnen	ist … hingefallen
sagen	ist … gegangen
verlieren	ist … geblieben
aufstehen	ist … gelaufen
wehtun	hat … geschossen

AB
1–5

B Ich habe eine Fünf bekommen!

Na, wie war's denn heute in der Schule?

7 **Was ist in der Schule passiert? Hör zu und verbinde.**

1.	Englisch	a Schulhof
2.	Biologie	b Gedicht von Goethe
3.	Mathe	c nichts Neues
4.	Deutsch	d Artikel über die Queen
5.	Pause	e Übungen / Klassenarbeit

> **Partizip Perfekt**
> Verben auf *-ieren*
> …t: interpretier**t**

8 **Hör noch einmal und bilde dann Sätze.**

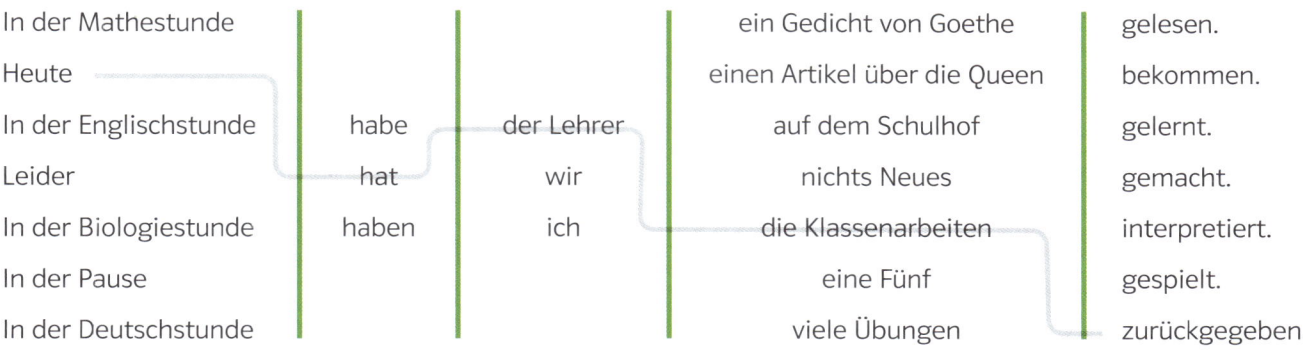

In der Mathestunde			ein Gedicht von Goethe	gelesen.
Heute			einen Artikel über die Queen	bekommen.
In der Englischstunde	habe	der Lehrer	auf dem Schulhof	gelernt.
Leider	hat	wir	nichts Neues	gemacht.
In der Biologiestunde	haben	ich	die Klassenarbeiten	interpretiert.
In der Pause			eine Fünf	gespielt.
In der Deutschstunde			viele Übungen	zurückgegeben.

Heute hat der Lehrer die Klassenarbeiten zurückgegeben.

_____

_____

9 Trag die Verben aus Übung 8 in die Tabelle ein.

Partizip Perfekt auf -t	Partizip Perfekt auf -en
haben ... gelernt	

Hören ▶ 15

10 Wie war es heute in der Schule? Was ist richtig? Hör zu und kreuze an.

1. Was ist heute in der Schule passiert?
   ☐ Der Mathelehrer hat die Klassenarbeiten zurückgegeben.
   ☐ Oliver hat eine Klassenarbeit geschrieben.

2. Hat Oliver eine gute Note bekommen?
   ☐ Ja, er hat eine Eins bekommen
   ☐ Nein, er hat eine Fünf bekommen.

3. Was hat Oliver vor der Klassenarbeit gemacht?
   ☐ Er hat leider nicht mit Guido gelernt.
   ☐ Er hat mit Guido gelernt.

4. Hat Guido eine gute Note bekommen?
   ☐ Nein, er hat eine Fünf bekommen.
   ☐ Ja, er hat eine Zwei bekommen.

5. Wie hat Olivers Mutter reagiert?
   ☐ Sie hat sich sehr geärgert.
   ☐ Sie hat sich nicht geärgert.

6. Was passiert jetzt?
   ☐ Oliver geht mit Guido schwimmen.
   ☐ Oliver bleibt zu Hause und lernt.

Sprechen

11 Hast du das schon einmal erlebt? Beantworte die Fragen.

Hast du schon einmal eine schlechte Note bekommen?
In welchem Fach?
Hast du vor der Klassenarbeit viel gelernt?
Wie hast du dich danach gefühlt?
Wie hast du reagiert?
Wie hat deine Mutter / dein Vater reagiert?

AB 6–11

C Er hat mir eine SMS geschickt!

Liebe Tanja,

na endlich! Daniel hat mir heute eine SMS geschickt. Er hat geschrieben, er möchte gern mit mir ins Kino gehen. Du kennst ihn, oder? Er ist der Cousin von Karin. Wir haben uns letzte Woche auf Karins Geburtstagsparty kennen gelernt. Er hat mir sofort gefallen … aber er hat damals die ganze Zeit mit Janine gesprochen. Dann ist er weggegangen, ohne mir „Tschüss" zu sagen.

Aber heute habe ich seine erste SMS bekommen!

Ich bin überglücklich …

Wir sehen uns morgen in der Schule.

Tschüss,

Steffi

Kommst du mit ins Kino?

Lesen

12 **Richtig (R) oder falsch (F)? Lies und kreuze an.**

	R	F
1. Daniel ist der Cousin von Steffi.	☐	☐
2. Steffi kennt Daniel von einem Fest.	☐	☐
3. Daniel hat Karin eine SMS geschickt.	☐	☐
4. Daniel will mit Steffi ins Kino gehen.	☐	☐
5. Daniel und Steffi haben lange miteinander gesprochen.	☐	☐

Grammatik

13 **Wie lautet der Infinitiv? Ergänze.**

Perfekt	Infinitiv
hat … geschickt	
hat … geschrieben	
hat … kennen gelernt	
hat … gesprochen	
ist … weggegangen	
hat … bekommen	

Sprechen

 14 **Wann ist das passiert? Fragt und antwortet.**

| heute | gestern | vorgestern | letzte Woche | vor 10 Tagen | letzten Monat | letztes Jahr |

● Wann hat sich Markus wehgetan? Letzte Woche?
○ Ja, er hat sich letzte Woche wehgetan.

Übt weiter mit:

Fußball spielen, letzten Monat
eine Eins bekommen, vor 10 Tagen
sich das Bein brechen, letztes Jahr
zu Hause bleiben, gestern
die Übungen machen, vorgestern

ein Buch lesen, letzte Woche
Simone kennen lernen, letzten Monat
ins Kino gehen, vor zwei Tagen
mit Simone sprechen, gestern

Schreiben

 15 **Ein Problem. Lies die Situation und schreib eine E-Mail.**

Letzten Samstag hast du auf einer Geburtstagsparty einen Jungen / ein Mädchen kennen gelernt. Du denkst den ganzen Tag an ihn / sie.

Er / Sie hat dir auf der Party seine / ihre Handynummer auf deine Hand geschrieben.

Du hast ihm / ihr schon ein paar SMS geschickt. Er / Sie hat dir aber leider noch immer nicht geantwortet. Du kannst nicht mehr warten – du musst ihn / sie einfach wiedersehen!

Vielleicht kann dir deine Freundin / dein Freund weiterhelfen?!

Liebe(r) _____ ,
ich muss dir was erzählen: _____
_____
_____

Was soll ich tun? Kannst du mir helfen und mir einen Rat geben?
Schreib mir bitte schnell!
Tschüss!

_____

[**Phonetik**]

a Hör zu und achte auf das *ch*. Wo klingt *ch* wie in „Bu<u>ch</u>", wo wie in „Bü<u>ch</u>er"? ▸ 16

sprechen – gesprochen, brechen – gebrochen, riechen – gerochen, kriechen – gekrochen

b Hör zu und sprich nach. ▸ 17

c Sammelt Wörter mit *ch* und ordnet sie in die Tabelle ein. Welche Vokale stehen vor *ch?* Ergänzt die Regel.

wie in „Buch"	wie in „Bücher"
Kuchen	

ch klingt wie in „Bücher" nach: ü, _____

ch klingt wie in „Buch" nach: u, _____

Landeskunde

3. Oktober: Tag der Deutschen Einheit

Der 3. (dritte) Oktober ist in Deutschland Nationalfeiertag. Was ist an diesem Tag passiert? Von 1949 bis 1990 hat es zwei deutsche Staaten gegeben: die BRD (Bundesrepublik Deutschland) im Westen und die DDR (Deutsche Demokratische Republik) im Osten. Eine Mauer

hat die zwei Staaten geteilt. Im Sommer 1989 waren viele DDR-Bürger unzufrieden mit dem politischen System. Sie haben damals für Reformen und mehr Demokratie demonstriert. Am 9. (neunten) November 1989 ist in Berlin die Mauer gefallen und das sozialistische System der DDR ist zusammengebrochen. Ein Jahr

später, am 3. (dritten) Oktober 1990, haben sich die zwei deutschen Staaten zu einem Staat vereinigt und die Deutschen haben die nationale Einheit gefeiert.

Lesen

16 **Lies den Text. Beantworte die Fragen.**

1. Was ist im Sommer 1989 in der DDR passiert?
2. Wann ist die Mauer in Berlin gefallen?
3. Was haben die Deutschen am 3. Oktober 1990 gefeiert?

Grammatik auf einen Blick

Verben im Perfekt (2)

Daniel hat mir eine SMS geschickt.
Er hat die ganze Zeit mit Janine gesprochen.
Der Trainer ist zu Markus gelaufen.
Ist Markus im Krankenhaus geblieben?
Es ist passiert!

	haben / sein		Partizip Perfekt
Ich	**habe**		**gespielt.**
Ich	**habe**	Fußball	**gespielt.**
Ich	**habe**	am Samstag Fußball	**gespielt.**

Satzklammer

Perfekt mit *haben* ●
hat … gespielt
hat … gewonnen
hat … eingegipst
hat sich … geärgert
…

Perfekt mit *sein* →
ist … gelaufen
ist … aufgestanden
ist … geblieben
ist … passiert
…

Partizip Perfekt (2)

Regelmäßige Verben: ge- … t	
lernen	gelernt
spielen	gespielt

Unregelmäßige Verben: ge- … en	
brechen	gebrochen
lesen	gelesen

Trennbare Verben: … -ge- … t / en	
eingipsen	eingegipst
zurückgeben	zurückgegeben

Verben auf *-ieren*: … t	
passieren	passiert
reagieren	reagiert

Wo steht haben *oder* sein, *wo das Partizip Perfekt?*

Die Form von *haben* oder *sein* steht auf Position _____ .
Das Partizip Perfekt am Satzende.

Sehr viele Verben bilden das Perfekt mit *haben* (z. B. alle Verben mit Akkusativ und alle *sich*-Verben).
Verben der Bewegung bilden das Perfekt mit *sein*.

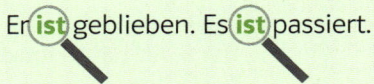

Er ist geblieben. Es ist passiert.

Das Partizip Perfekt hat bei den regelmäßigen Verben:
vorne *ge-* und hinten ____ .
Bei den unregelmäßigen Verben:
vorne ____ und hinten ____ .

Bei den trennbaren Verben steht vor *-ge-* die Vorsilbe, am Ende _____ oder _____ .
Bei den Verben auf *-ieren* hat das Partizip Perfekt nur hinten die Endung _____ .

Temporalangaben (Vergangenheit)

Wann hast du dir wehgetan?

a: Gestern / vorgestern.

b: Vor einer Woche / vor 10 Tagen.

c: Letzte Woche / letzten Monat / letztes Jahr.

a: Adverb
b: vor + Dativ
c: ohne Präposition, Akkusativ

Wortschatz: Das ist neu!

der Unfall, ⸚e	wieder
die Hand, ⸚e	die Woche, -n
das Bein, -e	
brechen (er bricht) *Ich habe mir das Bein gebrochen.*	der Artikel, - *Wir haben einen Artikel über die Queen gelesen.*
bringen *Der Trainer hat Markus ins Krankenhaus gebracht.*	das Gedicht, -e
	interpretieren
eingipsen (er gipst ein) *Man hat mir das Bein eingegipst.*	antworten
hinfallen (er fällt hin) *Wann bist du hingefallen?*	die Klassenarbeit, -en
	die Übung, -en
passieren	die Note, -n
das Krankenhaus, ⸚er	bekommen *Ich habe eine schlechte Note bekommen.*
wehtun *Das Bein hat wehgetan.*	zurückgeben (er gibt zurück) *Der Lehrer hat die Klassenarbeiten zurückgegeben.*
laufen (er läuft)	sich fühlen (er fühlt sich)
der Trainer, -	weinen
das Tor, -e	sich ärgern (er ärgert sich)
schießen *ein Tor schießen*	überglücklich
verlieren *Wir haben das Spiel verloren.*	fürchten
foulen	bleiben
	warten
damals	weggehen (er geht weg)
danach	
endlich *Endlich habe ich eine SMS von ihm bekommen!*	der Cousin, -s
	die Geburtstagsparty, -s
letzter, letztes, letzte *letzte Woche, letztes Jahr*	der Rat (Singular)
die Minute, -n	die SMS, -
nach *nach einigen Minuten*	einige
	ohne
vor *vor zwei Tagen*	leider
vorgestern	

Lektion 14

Krank & gesund

A Was tut dir weh?

Hören ▶ 18

1 **Was sagen Steffi und ihre Mutter? Hör zu und kreuze an.**

1. Ich glaube, ich bin ☐ krank.
   ☐ müde.

2. Du hast ☐ Fieber.
   ☐ Ferien.

3. Tut dir der ☐ Hals weh?
   ☐ Kopf weh?

4. Du hast sicher ☐ eine Grippe.
   ☐ eine Gymnastikstunde.

5. Ich rufe sofort ☐ den Sportlehrer …
   ☐ den Arzt …

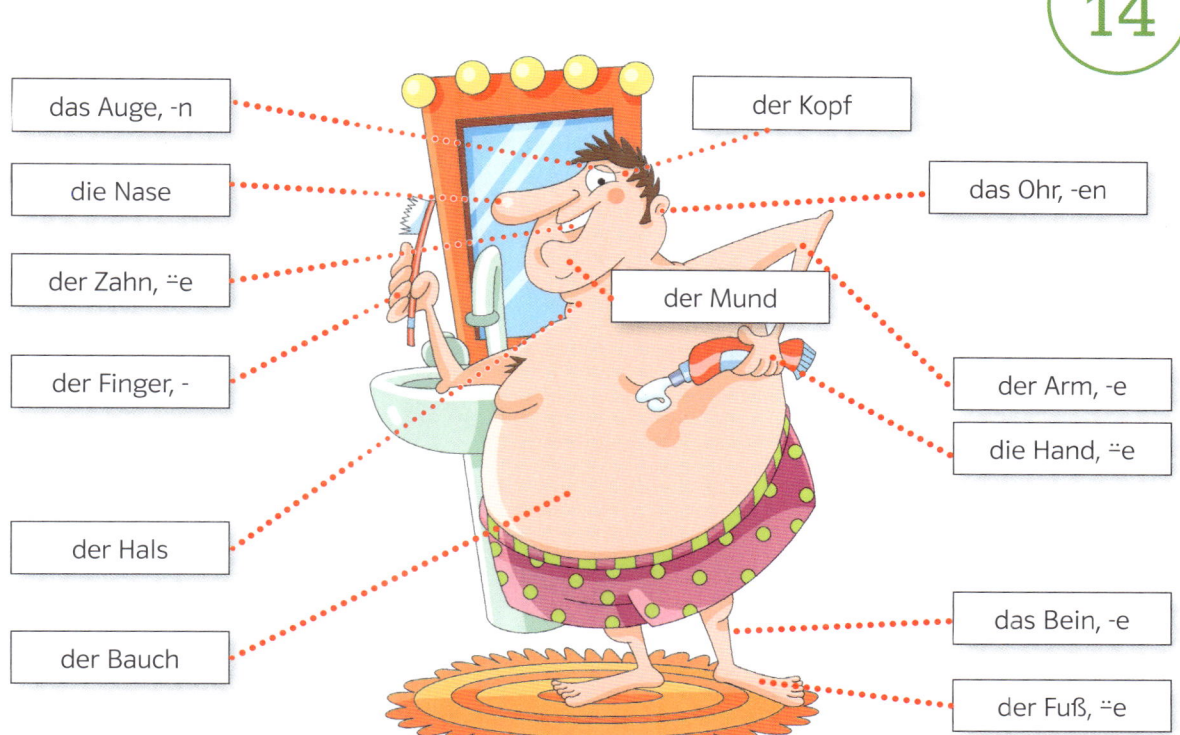

das Auge, -n

die Nase

der Zahn, ̈e

der Finger, -

der Hals

der Bauch

der Kopf

das Ohr, -en

der Mund

der Arm, -e

die Hand, ̈e

das Bein, -e

der Fuß, ̈e

Hören ▶ 19

2 **Hör zu und sprich nach.**

Wortschatz

3 **Schaue dir das Bild eine Minute lang an und merke dir die Wörter. Mach dann das Buch zu. Nenne so viele Körperteile wie möglich.**

Sprechen

4 **Na, wie geht's? Fragt und antwortet wie im Beispiel.**

- ● Na, wie geht's?
- ○ Nicht so gut.
- ● Warum?
- ○ Mir tut der Bauch weh.
- ● Tut mir leid.

Sprechen

5 **Ich habe Bauchschmerzen. Fragt und antwortet.**

- ● Was tut dir weh? Der Bauch?
- ○ Ja, ich habe schreckliche Bauchschmerzen.

Übt weiter mit:

der Hals, der Kopf, der Zahn, die Ohren, der Rücken

6 Was sagt Steffi? Lies die Sprechblasen und ergänze den Dialog.

Der Arzt ist da

Heute geht Steffi nicht zur Schule. Seit gestern hat sie Kopf- und Halsschmerzen. Sie hat auch Fieber und ist erkältet. Um 11 Uhr kommt der Arzt Doktor Bender.

> Und wie lange muss ich im Bett bleiben? **1**

> Nächste Woche? Muss ich da zur Kontrolle? **2**

> Ich bin so müde … mir tun der Kopf und der Hals weh. **3**

> Was muss ich denn nehmen? **4**

> Ja, 38,2° und ich bin auch erkältet … Doktor Bender, muss ich ins Krankenhaus? **5**

> Okay. Bis nächsten Donnerstag. **6**

Dr. Bender: Also, Steffi, wie fühlst du dich?

Steffi: *Ich bin so müde … mir tun der Kopf und der Hals weh.*

Dr. Bender: Hast du Fieber?

Steffi: _____

Dr. Bender: Aber nein, du musst nicht ins Krankenhaus! Das ist eine ganz normale Grippe. Du bleibst einfach ein paar Tage im Bett.

Steffi: _____

Dr. Bender: Drei Tage, das reicht. Und ich schreibe dir noch ein Rezept für Medikamente.

Steffi: _____

Dr. Bender: Nimm diese Tabletten und diese Nasentropfen hier. Hier ist das Rezept. Und wir sehen uns nächste Woche wieder.

Steffi: _____

Dr. Bender: Ja …, sagen wir … am Donnerstag in meiner Praxis. Du kommst so gegen 15 Uhr.

Steffi: _____

7 Lies den Dialog und beantworte die Fragen.

1. Wie viel Fieber hat Steffi?
2. Schickt Dr. Bender sie ins Krankenhaus?
3. Wie lange muss Steffi im Bett bleiben?
4. Wann muss Steffi wieder zum Arzt?

AB 1–6

B Wem tut was weh?

8 **Schau dir die Bilder an und bilde dann Sätze.**

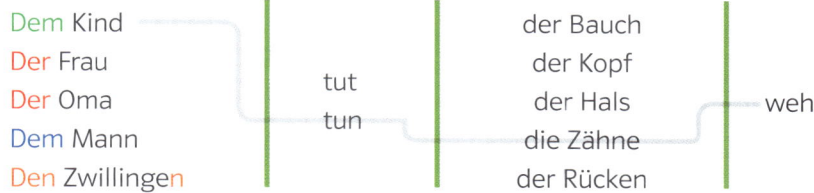

Dem Kind
Der Frau
Der Oma   tut   der Bauch
Dem Mann   tun   der Kopf
Den Zwillingen   der Hals   weh.
                             die Zähne
                             der Rücken

9 **Zur Kontrolle:**
Hör zu und vergleiche.

Deklination: Dativ			
maskulin	neutral	feminin	Plural
dem Mann	dem Kind	der Oma	den Zwillingen

10 **Markus fragt Tanja. Leider passen die Antworten nicht.**
Lies und ordne richtig zu.

1. Sag mal, Tanja, wie geht's deiner Freundin Steffi?
a   Nein, er ist nicht mehr erkältet. Es geht ihm besser.

2. Und wie geht's deinem Bruder? Ist er immer noch erkältet?
b   Ach, ihnen geht es sehr gut!

3. Und wie geht's deinen Eltern?
c   Ihr geht es nicht so gut. Sie ist krank.

1   2   3
☐ ☐ ☐

Personalpronomen (Dativ)			
maskulin	neutral	feminin	Plural
ihm	ihm	ihr	ihnen

11 Ergänze.

Wie geht's deiner Freundin? _____ geht's nicht so gut.

Wie geht's deinem Bruder? _____ geht's besser.

Wie geht's deinen Eltern? _____ geht's sehr gut.

Sprechen

12 Fragt und antwortet.

Possessivartikel (Dativ)			
maskulin	neutral	feminin	Plural
deinem	deinem	deiner	deinen

● Wie geht's deinem Vater?
○ Ihm geht's nicht so gut.

☺	☹
sehr gut	nicht so gut
gut	schlecht
besser	sehr schlecht

Übt weiter mit:

die Tante, die Oma, der Opa, die Freunde, der Onkel, die Geschwister

Sprechen

13 Fragt und antwortet.

Wem tun die Zähne weh? Dem Kind?   Ja, ihm tun die Zähne weh.

Übt weiter mit:

der Rücken – die Oma, der Kopf – der Mann, der Bauch – die Zwillinge,
der Hals – die Frau, die Füße – der Opa, die Ohren – das Mädchen

Hören ▶ 21

14 Hör zu und ergänze die Tabelle. Schreib dann Sätze wie im Beispiel.

Name	*Anna Lena*			
☺				
☹	*X*			
Beschwerden	*Bauchschmerzen*			
Warum?	*zu viel gegessen*			

Anna Lena geht es nicht gut. Sie hat Bauchschmerzen. Ihr tut der Bauch weh.
Sie hat gestern Abend zu viel gegessen.

AB 7–12

C Krankheiten & Medikamente

Wortschatz

15 Welches Medikament passt zu welcher Krankheit? Ordne zu.

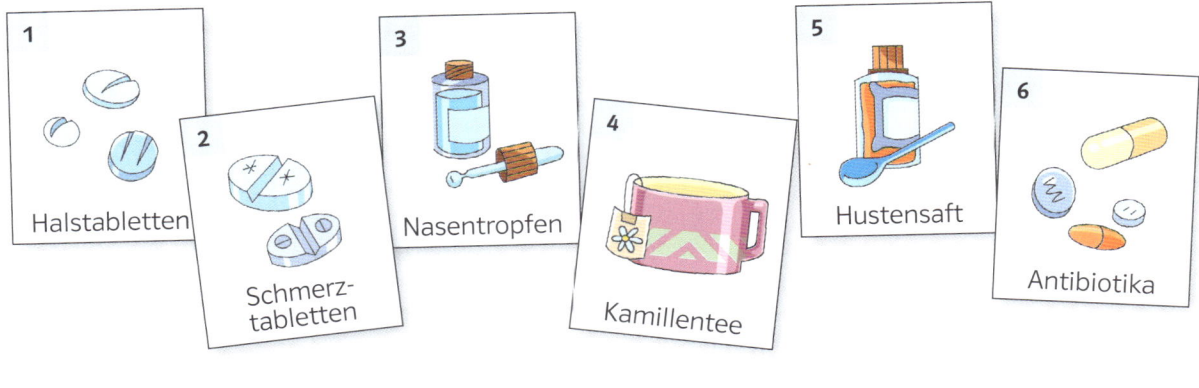

- [ ] a Bauchschmerzen
- [ ] b Kopfschmerzen
- [ ] c Schnupfen
- [ ] d Husten
- [ ] e Grippe
- [ ] f Halsschmerzen

Sprechen

16 Warum? Weil ... Bildet Minidialoge wie im Beispiel.

> Steffi, warum nimmst du Tabletten?

> Weil ich Kopfschmerzen habe.

Sprechen

17 Warum hat Papa Husten? Fragt und antwortet.

- ● Warum hat Papa Husten?
- ○ Weil er auch im Winter nur T-Shirts trägt.

> **Verbposition im *weil*-Satz**
> Papa hat Husten, weil er auch im Winter nur T-Shirts **trägt**.

Übt weiter mit:

Kopfschmerzen – zu viel arbeiten
Bauchschmerzen – zu viel essen
Zahnschmerzen – zu viele Süßigkeiten essen

Halsschmerzen – im Fußballstadion zu laut schreien
Übergewicht haben – nie Sport treiben
nervös sein – Probleme im Büro haben

18 **Zu welchem Arzt gehst du? Lies und ordne zu.**

☐ a Ich habe Magenschmerzen.
☐ b Ich habe Grippe.
☐ c Ich habe Zahnschmerzen.
☐ d Ich kann nicht gut sehen.
☐ e Ich habe Asthma.

1

Dr. med. Bernd Winkler

praktischer Arzt und Hausarzt

Mo–Fr 10–14 Uhr
Tel. 7 92 46 61

2

DR. MED. ELENI STÖBLER

Augenärztin

Mo, Mi, Fr 15–18 Uhr
Di + Do 12–14 Uhr
Tel. 7 55 60 09

3

Dr. med. Ahmet Oktay

Zahnarzt

Di-Sa 14–17 Uhr
Tel. 6 89 03 36

4

DR. MED. URSULA MEIER

Fachärztin für innere Medizin

Mo-Fr 9–12 u. 14–16 Uhr
Tel. 6 35 42 25

5

Dr. med. Max Kleber

Facharzt für Allergologie

Di, Mi, Do. 16–19 Uhr
Tel. 5 68 70 14

19 **Fragt und antwortet wie im Beispiel.**

● Warum gehst du zu Doktor Winkler?
○ Weil ich Grippe habe.

20 **Diskutiert in der Klasse.**

Lesen

21 Lies den Text und beantworte dann die Fragen.

Kinder haben oft chronische Krankheiten

Es gibt heute immer mehr Kinder mit einer chronischen Krankheit. Am häufigsten leiden die Kinder an Asthma. Asthma ist eine Krankheit der Atemwege. Wer Asthma hat, bekommt manchmal keine Luft mehr. Eine Statistik sagt, dass ca. 10 Prozent aller deutschen Kinder unter 10 Jahren chronisches Asthma haben, d. h. sie bekommen Attacken von Atemnot, und zwar nicht nur einmal, sondern immer wieder. Zum Glück gibt es ein Mittel dagegen. Es ist ein Spray und man muss das Medikament in den Mund sprühen. Ohne dieses Medikament kann die Krankheit gefährlich sein.

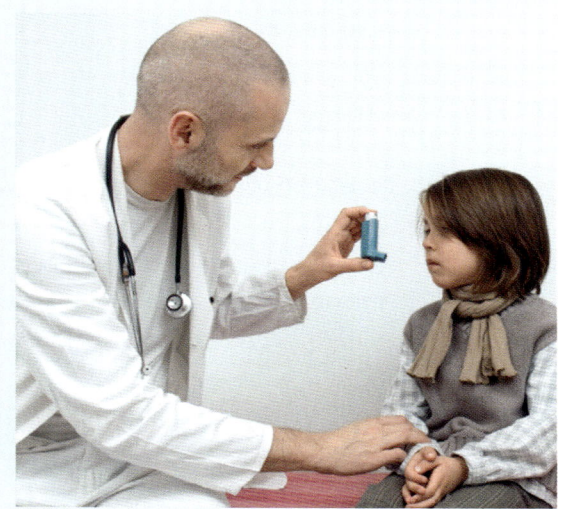

1. Was für eine Krankheit ist Asthma?
2. Wie viele Kinder haben in Deutschland Asthma?
3. Was sind die Symptome dieser Krankheit?
4. Gibt es Medikamente gegen Asthma?

[**Phonetik**]

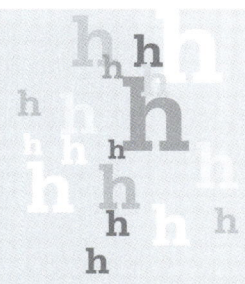

a Hör zu, sprich nach und achte auf das *h*. ▶ 22
b Hör zu, sprich nach und achte auf die markierten Stellen. ▶ 23
Ich habe _**O**hrenschmerzen und meine _**A**ugen tun _**a**uch weh!
_**O**h, dann geh zum _**O**hrenarzt und zum _**A**ugenarzt. Du
brauchst ein _**A**ntibiotikum und eine Brille.
c Bildet Gruppen und notiert Sätze mit möglichst vielen Wörtern,
die mit *h* beginnen. Lest sie in der Klasse vor. Wer die meisten
Wörter mit *h* hat, hat gewonnen.

AB
13–20

Grammatik auf einen Blick

Deklination: Dativ

Dem Mann tut der Kopf weh.
Dem Kind tun die Zähne weh.
Der Frau tut der Hals weh.
Den Zwillinge**n** tut der Bauch weh.

Wie geht's dein**em** Bruder?
Wie geht's dein**er** Freundin?
Wie geht's dein**en** Eltern?

Welche Formen sind im Dativ gleich?

Die Formen der Artikel sind im Dativ _____ und _____ gleich.

	maskulin	neutral	feminin	Plural
Dativ	d**em**	d**em**	d**er**	d**en**
	ein**em**	ein**em**	ein**er**	-
	mein**em**	mein**em**	mein**er**	mein**en**
	Vater	Kind	Mutter	Geschwister**n**

Wie mein/e: dein/e, sein/e, ihr/e, unser/e, euer/eure, ihr/e, Ihr/e

Manche Verben stehen immer mit Dativ: z.B. *gefallen, gut gehen / schlecht gehen, helfen, wehtun, schaden,* _____.
Die Verben mit Dativ musst du lernen!

Geschwister**n**, Zwilling**en**

Personalpronomen (5)

Wie geht's deinem Vater?   **Ihm** geht's nicht so gut.
Wie geht's deiner Oma?   Es geht **ihr** gut.
Wie geht's deinen Eltern?   **Ihnen** geht es sehr gut.

	maskulin	neutral	feminin	Plural
Dativ	ih**m**	ih**m**	ih**r**	ihn**en**

Die Personalpronomen im Dativ erinnern an die Artikel:
dem → *ihm*
der → _____
den → _____

Das Fragewort *wem*

Wer hat Kopfschmerzen?   Der Vater von Steffi.
Wem tut der Kopf weh?   Dem Vater von Steffi.

Mit dem Fragewort *wem* fragst du nach dem Nomen im _____.
Es erinnert an den bestimmten Artikel:
dem (Dativ maskulin / neutral)!

Nebensatz mit *weil* (1)

Warum nimmst du Tabletten?
Weil ich Kopfschmerzen habe.
Warum gehst du zu Doktor Winkler?
Weil ich Grippe habe.
Warum gehst du zu Doktor Stöbler?
Weil ich nicht gut sehen kann.

Wo steht das
konjugierte Verb
im Nebensatz?

Weil leitet einen Nebensatz ein.
Das konjugierte Verb steht im
Nebensatz
☐ auf Position II.
☐ am Satzende.
Zwischen Hauptsatz und Nebensatz steht immer ein Komma!

Hauptsatz	Nebensatz		
			konjugiertes Verb
Ich gehe zu Dr. Winkler,	**weil**	ich Grippe	habe.
Ich gehe zu Dr. Kleber,	**weil**	ich Asthma	habe.

Wortschatz: Das ist neu!

der Arzt, ⸚e
Ich gehe zum Arzt. Ich war beim Arzt.

die Ärztin, -nen

der Hausarzt, ⸚e

der Facharzt, ⸚e

der Augenarzt, ⸚e

die Praxis, Praxen

das Problem, -e

das Symptom, -e

das Rezept, -e

krank

erkältet

besser
Es geht ihm besser.

wehtun
Mir tut der Kopf weh.

leiden
Viele Kinder leiden an Asthma.

schaden
Zucker schadet den Zähnen.

der Arm, -e

das Auge, -n

der Bauch, ⸚e

das Bein, -e

der Finger, -

der Fuß, ⸚e

der Hals, ⸚e

die Hand, ⸚e

der Kopf, ⸚e

der Mund, ⸚er

die Nase, -n

das Ohr, -en

der Rücken, -

der Zahn, ⸚e

die Gesundheit (Singular)

die Krankheit, -en

die Beschwerden (Plural)

das Asthma (Singular)

die Atemnot (Singular)

die Bauchschmerzen (Plural)

das Fieber (Singular)
Ich habe Fieber.

die Grippe (Singular)
Ich habe eine Grippe.

der Husten (Singular)

die Magenschmerzen (Plural)

der Schnupfen (Singular)
Ich habe Schnupfen.

das Übergewicht (Singular)
Er hat Übergewicht.

das Antibiotikum, Antibiotika

die Halstablette, -n

der Hustensaft, ⸚e

der Kamillentee, -s

die Nasentropfen (Plural)

die Tablette, -n

ein paar

gefährlich

laut

die Luft (Singular)

nächster, nächstes, nächste
nächste Woche

nervös

schreien

seit

weil
Papa hat Halsschmerzen, weil er immer so laut schreit.

wem?
Wem tut der Kopf weh?

der Zwilling, -e

Zwischenstation 7

Gesund leben

1 **Was tust du für deine Gesundheit? Ein Test.**

Ich treibe Sport.	**A** nie	**B** ab und zu	**C** regelmäßig	☐
Ich esse Obst und Gemüse.	**A** nie	**B** ab und zu	**C** jeden Tag	☐
Ich esse Pommes mit Ketchup.	**A** regelmäßig	**B** manchmal	**C** nie	☐
Ich trinke Cola.	**A** regelmäßig	**B** manchmal	**C** nie	☐
Ich bin draußen an der frischen Luft.	**A** selten	**B** ab und zu	**C** jeden Tag	☐
Ich putze meine Zähne.	**A** selten	**B** manchmal	**C** regelmäßig	☐
Ich esse Süßigkeiten.	**A** jeden Tag	**B** sehr oft	**C** ab und zu	☐
Ich fahre Rad.	**A** selten	**B** manchmal	**C** oft	☐
Ich sehe fern.	**A** oft	**B** manchmal	**C** selten	☐
Ich spiele Computerspiele.	**A** jeden Tag	**B** ab und zu	**C** selten	☐

Wie viele Punkte hast du?

A = 1 Punkt   B = 2 Punkte   C = 3 Punkte   Gesamt: ☐

26 – 30 Punkte	Du lebst echt gesund, super! Du bist wirklich in Topform!
21 – 25 Punkte	Du lebst gesund und bist in Form – das sieht man auch, Kompliment!
16 – 20 Punkte	Du lebst nicht sehr gesund. Tu doch einfach ab und zu was für dich und deine Gesundheit. Das kann auch richtig Spaß machen!
13 – 15 Punkte	Du lebst aber richtig ungesund! Du musst einfach mehr für deine Gesundheit tun!
Weniger als 13 Punkte	Achtung! Du lebst ja völlig ungesund! Was ist denn los mit dir? Du musst dein Leben ändern!

Hören ▶ 24

2 **Frau Riefler, eine sportliche Frau. Hör das Interview und kreuze die richtige Antwort an.**

1. Wo spielt die Situation?
   - ☐ a in einer Turnhalle
   - ☐ b in einem Park
   - ☐ c zu Hause

2. Was macht Frau Riefler dort?
   - ☐ a Sie macht Gymnastik.
   - ☐ b Sie macht Aerobic.
   - ☐ c Sie joggt.

3. Was macht Frau Riefler nicht?
   - ☐ a Sie spielt Tennis.
   - ☐ b Sie fährt Rad.
   - ☐ c Sie fährt immer Auto.

4. Was isst Frau Riefler nicht sehr oft?
   - ☐ a Fleisch und Wurst
   - ☐ b Soja-Produkte
   - ☐ c Obst und Gemüse

5. Was tut Frau Riefler noch für ihre Gesundheit?
   - ☐ a Sie trinkt viel Wasser.
   - ☐ b Sie isst kein Fleisch.
   - ☐ c Sie raucht nicht.

Fit **3** **Im Internet liest du die folgende Anzeige. Antworte Britta in einer E-Mail und schreib zu jedem Punkt ein bis zwei Sätze.**

Suche Joggingpartner in Köln!
Möchtest du mit mir jeden Morgen laufen gehen?
Joggen ist gesund und toll für die Bikinifigur im Sommer ☺ !!
Ich trainiere für den Mini-Marathon im Juni.
Komm, lauf mit!
Schreib an: brittafe@gmail.com

1. Stell dich vor (Name, Alter, Sport).
2. Warum möchtest du mit Britta joggen?
3. Wann hast du morgens Zeit?
4. Wann und wo kannst du Britta treffen?

Hallo Britta,
ich _____
_____

Sprechen

4 **Situationen: Was sagt die Person mit der Sprechblase? Lies und kreuze an. Was sagt die andere Person? Spielt die Szene in der Klasse.**

☐ a Wo ist das?
☐ b Was ist das?
☐ c Wie geht es dir?

☐ a Ich möchte in Ruhe den Film sehen, bitte!
☐ b Mach bitte das Fenster zu!
☐ c Zu viel Fernsehen ist ungesund, mein Kind!

☐ a Du trainierst zu wenig!
☐ b Du bist sehr sportlich!
☐ c Wir fahren heute zum Handballturnier.

☐ a Tschüss, ich gehe jetzt zum Volleyballtraining!
☐ b Mach bitte deine Hausaufgaben!
☐ c Hallo, was läuft heute im Fernsehen?

5 In einer Jugendzeitschrift beantwortet Frau Dr. Winter Fragen von Jugendlichen. Richtig (R) oder falsch (F)? Lies und kreuze an.

Frau Dr. Winter

Liebe Frau Dr. Winter,

ich habe echt nur noch Stress, das ist schrecklich! Morgens fängt es an: Ich schlafe 20 Minuten zu lang, weil ich alleine aufstehen muss. Meine Eltern gehen sehr früh zur Arbeit. Und ich habe dann nur noch 5 Minuten Zeit! Meistens renne ich völlig verschlafen in die Schule. In der Schule fragen mich dann meine Lehrer, warum ich so müde bin.

Wenn ich nach Hause komme, habe ich Hunger, weil ich ja den ganzen Tag noch nichts gegessen habe. Oft ist aber nichts zu essen da und ich muss noch einkaufen gehen. Dann muss ich meine Hausaufgaben machen, aber ich mag eigentlich nicht. Mein Zimmer und die Küche muss ich auch aufräumen. Alles ist so stressig!

Oft mach ich am Nachmittag was mit meinen Freunden. So um 19 Uhr komme ich dann wieder nach Hause und bin einfach nur müde. Aber meine Eltern wollen dann immer noch mit mir über die Schule reden. So gegen 22 Uhr falle ich ins Bett.

Am nächsten Tag geht alles wieder von vorne los.

Was kann ich anders machen? Bis zu den Sommerferien ist es noch sooo lang!! Bitte, geben Sie mir einen Tipp!

Viele Grüße

Christian (13 Jahre)

	R	F
1. Christian steht jeden Tag zusammen mit seinen Eltern auf.	☐	☐
2. Christian geht zu Fuß zur Schule.	☐	☐
3. Christian kauft mittags oft ein.	☐	☐
4. Christian macht gern Hausaufgaben.	☐	☐
5. Abends ist Christian sehr müde und geht um ca. 22 Uhr schlafen.	☐	☐

6 **Zwei Werbespots aus dem Radio. Hör zu und kreuze an.**

Werbespot 1:

1. Wo liegt das Fitnesscenter?
   - [ ] a in Salzburg, Jakoberstraße 40
   - [ ] b in Freiburg, Jakoberstraße 14
   - [ ] c in Marburg, Jakoberstraße 44

2. Was kann man in dem Fitnesscenter nicht machen?
   - [ ] a in die Sauna gehen
   - [ ] b Tennis spielen
   - [ ] c Fußball spielen

3. Was organisiert die Direktion nicht?
   - [ ] a weiße Wochen
   - [ ] b grüne Wochen
   - [ ] c Ausflüge und Exkursionen

Werbespot 2:

4. Das ist eine Werbung für ein Medikament gegen
   - [ ] a Schnupfen.
   - [ ] b Kopfschmerzen.
   - [ ] c Grippe.

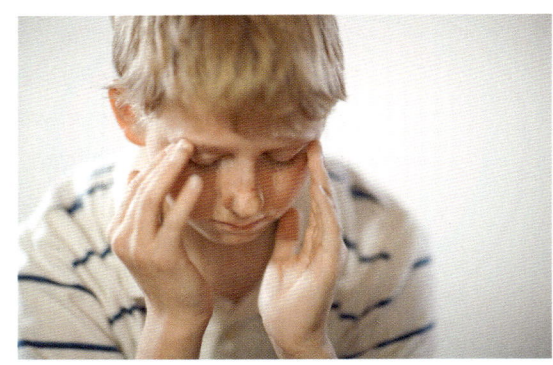

5. Das Medikament heißt
   - [ ] a Aktiv 2000.
   - [ ] b Mulit-Sanovit.
   - [ ] c Sanokopf.

6. Das Medikament findet man
   - [ ] a in allen Apotheken.
   - [ ] b nur in den besten Apotheken.
   - [ ] c direkt beim Arzt.

Landeskunde

Können Computerspiele krank machen?

Computerspielen in der Freizeit ist erst mal kein gefährliches Hobby. _____ gibt es erst, wenn der Spieler Tag und Nacht vor dem Computer verbringt. Dann spricht man von einer Sucht: Das bedeutet: Der Spieler kann nicht mehr aufhören und muss immer weiter spielen. Unter dieser Krankheit _____ in Deutschland etwa 15 Millionen Menschen. Davon sind 85 % männliche Jugendliche und junge Erwachsene. Das Problem hat in diesen Jahren auch _____ beschäftigt: Wissenschaftler an der Charité in Berlin suchen nach den Gründen für die Spielsucht.

Wie erkennt man _____ einer Spielsucht? Viele Spielsüchtige treffen sich nicht mehr mit ihren Freunden und gehen nur noch selten in die Schule oder zur Arbeit. Manchmal vergessen sie auch, sich normal anzuziehen oder einzukaufen. Oft sind Computerspielsüchtige traurig, weil sie im realen Leben Probleme haben. In den Phantasiewelten der Computerspiele können sie ihre Probleme _____ . Die Computerspiele machen sie glücklich, weil sie dort gewinnen können und sich dann gut fühlen. Eine Therapie kann helfen, auch im echten Leben wieder glücklich zu sein.

Lesen

7 **Lies den Text und ergänze die Wörter.**

[leiden • die Symptome • vergessen • die Ärzte • ein Problem]

Sprechen

8 **Sammelt Argumente für und gegen Computerspiele als Hobby. Diskutiert in der Klasse.**

dafür (+)   dagegen (−)

Lektion 15

Mein Stadtviertel

A Wer wohnt in Steffis Stadtviertel?

Hallo, ich möchte euch ein paar Leute aus meinem Viertel vorstellen …

Fatma Ylmaz, Schülerin, 14

Herr und Frau Huber, Rentner, 74

Dario Zanin, Schüler, 13

Renate Wolf, Fotografin, 29

Sie ist eine Freundin von Steffi und Tanja. Ihre Eltern kommen aus der Türkei. Ihre Muttersprachen sind Deutsch und Türkisch. Sprachen sind ihre große Leidenschaft. Sie möchte später Dolmetscherin werden. Sie interessiert sich auch für Mode und Musik. Ihre Freizeit verbringt sie oft im Einkaufszentrum oder zu Hause.

Sie sind beide 74 Jahre alt, aber noch aktiv und rüstig. Sie wohnen allein, aber ihre Tochter besucht sie regelmäßig. Sie haben natürlich viel Freizeit: Herr Huber arbeitet gern im Garten. Frau Huber spielt Karten und Schach im Seniorenclub. Sie machen oft Urlaub auf Mallorca mit ihren Enkelkindern.

Er kommt aus Erlangen. Seine italienischen Großeltern haben eine Eisdiele. Sie heißt „Eiscafé Venezia". Hier verbringt er gerne Zeit mit seinen Freunden. Oft ist Dario auch auf dem Fußballplatz. Fußball ist sein großes Hobby: Er träumt sogar von einer Karriere als Fußballspieler. In den Sommerferien ist er gerne zu Besuch bei seinen Verwandten in Italien.

Sie arbeitet als freie Fotografin. Sie liebt ihren Beruf. Sie ist viel unterwegs: Einmal ein Fotoshooting in Berlin, einmal in Düsseldorf … Das findet ihr Freund Timo nicht so schön. In ihrer Freizeit fährt sie gern Rad. Mit ihrem Freund Timo, natürlich!

1 Zum Verständnis: Wer ist das? Ordne die Namen zu.

1. In seiner / ihrer Freizeit bleibt er / sie manchmal zu Hause.
2. Seine / Ihre Freizeit verbringt er / sie gern im Garten.
3. Seine / Ihre Großeltern verkaufen Eis.
4. Sein / Ihr Hobby ist Schach spielen.
5. Er / Sie liebt seinen / ihren Beruf.
6. Er / Sie verbringt seinen / ihren Urlaub gerne in Italien.
7. Sein / Ihr Traumberuf ist Fußballspieler / Fußballspielerin.
8. Seine / Ihre Freundinnen sind Steffi und Tanja.

Herr Huber

Frau Huber

Fatma Ylmaz

Renate Wolf

Dario Zanin

Lesen

2 Lies noch einmal und ergänze die Tabelle.

Name	Renate Wolf			
Beruf	Fotografin			
Familie	nicht verheiratet, hat einen Freund			
Hobby	Rad fahren			
Verschiedenes	reist viel, liebt ihren Beruf			

Sprechen

3 Benutze deine Notizen und stell die Personen vor.

Renate Wolf ist Fotografin. Sie reist viel und liebt **ihren** Beruf. **Ihr** Freund heißt Timo. In **ihrer** Freizeit fährt sie Rad mit **ihrem** Freund Timo.

Frau Huber …

Possessivartikel

	Das ist Renate Wolf.
Nominativ	**ihr** Freund
Akkusativ	**ihren** Freund
Dativ	mit **ihrem** Freund

Dario ist Schüler. Seine Eltern …

Fatma …

Herr Huber …

AB
1–7

dreiundsechzig **63**

B Wer wohnt wo?

Lesen

4 **Schau dir den Stadtplan genau an. Bilde dann Sätze.**

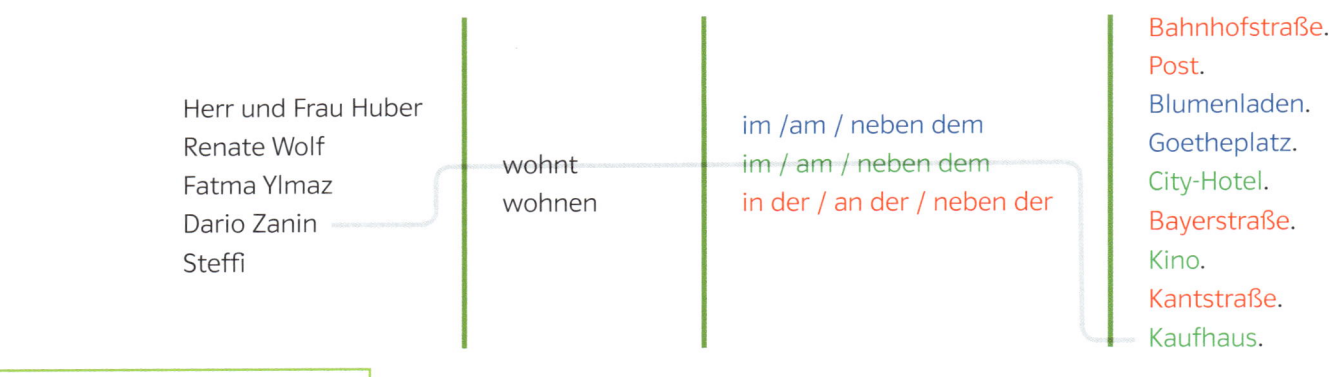

Herr und Frau Huber			Bahnhofstraße.
Renate Wolf			Post.
Fatma Ylmaz	wohnt	im /am / neben dem	Blumenladen.
Dario Zanin	wohnen	im / am / neben dem	Goetheplatz.
Steffi		in der / an der / neben der	City-Hotel.
			Bayerstraße.
			Kino.
			Kantstraße.
			Kaufhaus.

> **Präpositionen *in, an, neben* + Dativ**
> am … Platz   in der … Straße

Dario wohnt am Goetheplatz, neben dem Kaufhaus.

_____

Hören ▶ 26

5 **Zur Kontrolle: Hör zu und vergleiche.**

6 **Fragt und antwortet.**

a ● Wo wohnt Renate Wolf?
   ○ Sie wohnt neben der Post.

b ● Wer wohnt in der Kantstraße?
   ○ Herr und Frau Huber wohnen in der Kantstraße.

7 **Wo wohnst du? Fragt und antwortet.**

Wo wohnst du? → Ich wohne in der …, neben einem Supermarkt. Und du? → Ich wohne in der …, neben einer Pizzeria. Und du? → Ich wohne in …, neben …

8 **Wo trifft Steffi die Leute aus dem Viertel? Bilde Sätze.**

im Café

vor dem Kino

in der Eisdiele

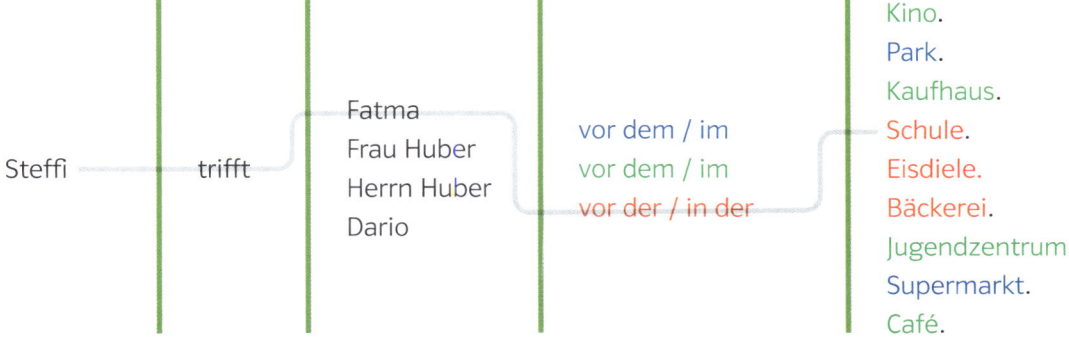

| Steffi | trifft | Fatma Frau Huber Herrn Huber Dario | vor dem / im vor dem / im vor der / in der | Kino. Park. Kaufhaus. Schule. Eisdiele. Bäckerei. Jugendzentrum. Supermarkt. Café. |

Steffi trifft Fatma vor der Schule.

_____

_____

9 **Mit dem Bus, mit der Straßenbahn oder zu Fuß? Bildet Dialoge wie im Beispiel.**

Steffi, wie fährst du zur Schule?

Mit dem Bus oder mit der Straßenbahn.

Auch mit dem Bus. Manchmal mit dem Rad. Im Winter gehe ich zu Fuß.

Und du, Fatma?

Präpositionen *mit* und *zu* + Dativ

Steffi fährt mit dem Bus.
Sie fährt zur Schule.

zum	Schule
zum	Bahnhof
zur	Park
	Stadion
	Jugendzentrum
	Supermarkt
	Post
	Kaufhaus

mit	dem	Auto
	dem	Bus
	der	Fahrrad
		Straßenbahn
		Taxi

AB 8–19

C Hier dürfen Sie nicht parken!

...?

Neben dem Postamt oder am Bahnhof.

 Hören ▶ 27

10 **Wie ist die Situation? Was ist richtig? Hör zu und kreuze an.**

1. Frau Wolf
   ☐ darf hier parken.
   ☐ möchte parken und sucht einen Parkplatz.
   ☐ darf hier nicht parken.

2. Der Polizist sagt Frau Wolf,
   ☐ wo sie parken kann.
   ☐ wo sie einen Parkschein kaufen kann.
   ☐ wo ein Parkplatz ist.

Sprechen

11 **Fragt und antwortet wie im Beispiel.**

● Darf man vor der Apotheke parken?

○ Ja dort darf man parken.
○ Nein, dort darf man nicht parken.

Parkverbot	kein Parkverbot
Kino	Schule
Eisdiele	Hotel
Theater	Post
Café	Supermarkt

Verbote. Fragt und antwortet.

● Darf man auf der Straße spielen?
○ Nein, auf der Straße darf man nicht spielen.

Übt weiter mit:

bei Rot über die Straße gehen • in der Fußgängerzone Rad fahren •
unter 16 Mofa fahren • im Deutschunterricht Kaugummi kauen •
bei Klassenarbeiten schummeln • im Unterricht SMS schreiben

Lesen

 Lies und beantworte die Fragen.

Die Fußgängerzone

In Deutschland haben die meisten Städte eine Fußgängerzone. Aber, was ist eigentlich eine Fußgängerzone? Klar, eine Zone ohne Autos und nur für Fußgänger. Hier dürfen keine Autos fahren. Hier darf man auch nicht Rad fahren. Hier darf man nur zu Fuß gehen. In einer Fußgängerzone gibt es viele Geschäfte, Kaufhäuser, Cafés, Restaurants, Kinos und Theater. Man geht spazieren, einkaufen oder man sitzt in einem Café. In einer Fußgängerzone sieht man oft Straßenkünstler: Musiker, Maler, Pantomimen. Sie dürfen Musik machen, auf der Straße malen, Theater spielen. Aber sie brauchen eine Genehmigung. Und sie dürfen nicht die ganze Zeit am selben Ort bleiben.

1. Was ist eine Fußgängerzone?
2. Was darf man in einer Fußgängerzone nicht machen?
3. Was gibt es in einer Fußgängerzone?
4. Darf man in einer Fußgängerzone Musik machen?
5. Gibt es eine Fußgängerzone in deiner Stadt? Beschreib sie.

[**Phonetik**]

a Hör zu und sprich nach. ▶ 28
b Erkennst du die Orte in Steffis Stadtviertel? Hör zu und notiere
die richtige Zahl. ▶ 29
Park ☐   Kino ☐   Hotel ☐   Theater ☐   Bäckerei ☐
Eisdiele ☐   Pizzeria ☐   Fußgängerzone ☐
c Was gibt es in deinem Stadtviertel? Notiere einen Satz mit
einem DADA-Wort wie in b und lies ihn vor. Die anderen raten.

AB 20–27

Grammatik auf einen Blick

Possessivartikel (3)

Sie liebt ihren Beruf.

Sein Hobby ist Fußball.

Ihre Tochter besucht sie regelmäßig.

Ihre Freundinnen sind Steffi und Tanja.

ich	du	er, es	sie	wir	ihr	sie	Sie
		sein/e	ihr/e		euer/ eure	ihr/e	Ihr/e

Welche Possessiv-artikel kennst du schon?

	maskulin	neutral	feminin	Plural
Nominativ	ein mein	ein mein	eine meine	– meine
Akkusativ	ein**en** mein**en**	ein mein	eine meine	– meine
	Beruf	Hobby	Tochter	Freundinnen

Die Possessivartikel haben dieselben Endungen wie der _____ Artikel.

Wie mein/e bildet man auch: dein/e, sein/e, ihr/e, unser/e, euer/eure, ihr/e, Ihr/e

Renate fährt in ihrer Freizeit mit ihrem Freund Rad.

Herr und Frau Huber machen oft mit ihren Enkelkindern Urlaub.

	maskulin	neutral	feminin	Plural
Dativ	mit mein**em** Freund	mit mein**em** Fahrrad	mit mein**er** Freundin	mit mein**en** Freund**en**

Die Formen der Possessivartikel sind im Dativ _____ und _____ gleich.

Wie mein/e bildet man auch: dein/e, sein/e, ihr/e, unser/e, euer/eure, ihr/e, Ihr/e

Die Präpositionen *in, an, vor, neben* + Dativ

Wo wohnt Steffi?	In der Bahnhofstraße.
Wo wohnst du?	Neben einem Kaufhaus.
Wo wohnt Dario?	An dem (**am**) Goetheplatz.
Wo trifft Steffi Fatma?	Vor der Schule.

am = an dem, **im** = in dem

	maskulin	neutral	feminin
wo?	in / an / vor / neben		
	dem ein**em**	dem ein**em**	der ein**er**

In Antworten auf die Frage _____ stehen die Präpositionen *in*, *an*, *vor* und *neben* mit _____ .

Die Präpositionen *mit* und *zu*

Wie fährst du zur Schule?

Mit dem Bus und manchmal mit dem Rad.

Mit wem machen Herr und Frau Huber Urlaub?

Mit ihren Enkelkindern.

Die Präpositionen *mit* und *zu* stehen immer mit
☐ Dativ.
☐ Akkusativ.

Das Modalverb *dürfen*

Darf man vor der Apotheke parken?

Nein, dort darf man nicht parken.

	dürfen
ich	**darf**
du	**darfst**
er, es, sie	**darf**
wir	dürfen
ihr	dürft
sie, Sie	dürfen

Wie bei allen Modalverben sind auch bei *dürfen* die Formen bei _____ und _____ gleich.
Die Formen bei _____, ____ und _____ haben einen anderen Vokal als im Infinitiv.

Darf man auf der Straße spielen? Am Bahnhof darf man parken.	dürfen: Erlaubnis
Auf der Straße darf man nicht spielen. Hier dürfen keine Autos fahren.	nicht dürfen: Verbot

Wie heißen die Sätze in deiner Sprache?

Wortschatz: Das ist neu!

das Stadtviertel, -	der / die Verwandte, -n
der Bahnhof, ⸚e	das Enkelkind, -er
das Hotel, -s	der Fußgänger, -
der Laden, ⸚	der Rentner, -
der Platz, ⸚e	die Rentnerin, -nen
das Theater, -	
an *Ich wohne am Goetheplatz.*	aktiv *Herr Huber ist noch sehr aktiv.*
neben *Renate wohnt neben der Post.*	ruhig
	rüstig *Herr Huber ist 74, aber noch rüstig.*
unterwegs	
die Straßenbahn, -en	dürfen (er darf) *Darf man hier parken?*
das Mofa, -s	die Genehmigung, -en
der Parkplatz, ⸚e	kauen
der Parkschein, -e	der Kaugummi, -s
das Parkverbot, -e	leben
zu *Ich fahre zur Schule.*	lieben
zu Fuß *zu Fuß gehen*	reisen
über *über die Straße gehen*	treffen (er trifft) *Wo triffst du deine Freunde?*
	träumen
die Karriere, -n *Er will Karriere machen.*	der Urlaub, -e *Sie machen Urlaub auf Mallorca.*
arbeiten	verbringen *Sie verbringen die Ferien in Spanien.*
der Dolmetscher, -	meistens
die Dolmetscherin, -nen	
der Fotograf, -en	die Karte, -n *Karten spielen*
die Fotografin, -nen	das Schach (Singular)
das Fotoshooting, -s	schummeln
der Maler, -	
die Malerin, -nen	
malen	
der Musiker, -	
der Pantomime, -n	
der Straßenkünstler, -	

Deutschland, Land mit Superlativen

A Berühmte Persönlichkeiten

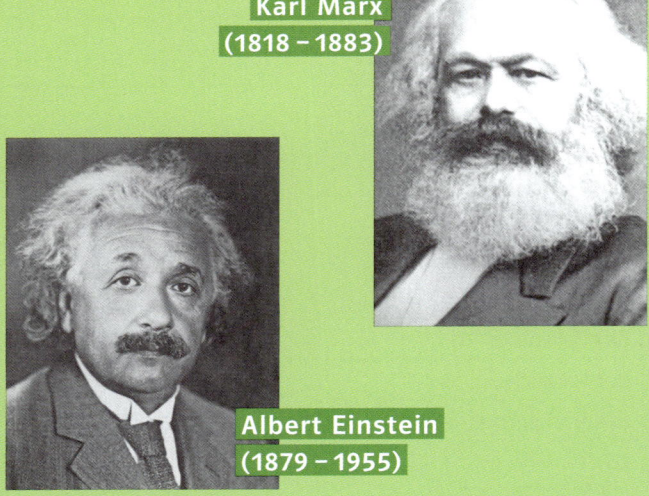

Karl Marx
(1818 – 1883)

Martin Luther
(1483–1546)

Albert Einstein
(1879 – 1955)

J. Wolfgang von Goethe
(1749 – 1832)

Marlene Dietrich
(1901 – 1992)

Ludwig van Beethoven
(1770 – 1827)

Käthe Kollwitz
(1867 – 1945

Sprechen

1

Wer ist das? Diskutiert in der Klasse und ordnet die Namen zu.

1. Er hat neun Sinfonien komponiert.
2. Er hat die Relativitätstheorie begründet.
3. Sie hat das Bild *Nie wieder Krieg* gemalt.
4. Er hat die Bibel ins Deutsche übersetzt.
5. Sie war eine Schauspielerin in dem Film *Der blaue Engel*.
6. Er hat den Roman *Die Leiden des jungen Werther* geschrieben.
7. Er hat das *Kommunistische Manifest* geschrieben.

Sprechen

2 Was waren sie? Diskutiert und verbindet.

1. Johann Wolfgang von Goethe
2. Karl Marx
3. Käthe Kollwitz
4. Albert Einstein
5. Marlene Dietrich
6. Ludwig van Beethoven
7. Martin Luther

a Wissenschaftler
b Reformator
c Schauspielerin
d Dichter
e Komponist
f Malerin
g Philosoph

Hören ▶ 30

3 Zur Kontrolle: Hör zu und vergleiche.

Sprechen

4 Fragt und antwortet.

a ● Was war Goethe?
  ○ Er war Dichter.

b ● War Goethe Komponist?
  ○ Nein, er war Dichter.

Verben im Präteritum	
	sein
er, es, sie	war

Wortschatz

5 Welche Adjektive passen zu wem? Diskutiert in der Klasse.

sympathisch • intelligent • genial • sensibel • schön • langweilig • kreativ •
phantasievoll • unsympathisch • chaotisch • hässlich • streng • geduldig

Ich denke, Goethe war streng.

Einstein war genial und intelligent.

Marlene Dietrich war bestimmt sympathisch.

Sprechen

6 Klassenquiz: Wer war das? Fragt und antwortet in Gruppen.

● Wer war der geniale Wissenschaftler?
○ Das war Einstein!
● Wer war Marlene Dietrich?
○ Das war die sympathische Schauspielerin.

Deklination der Adjektive	
Nominativ	der schöne Dichter
	die kreative Malerin
	das schnelle Auto

7 **Kurzbiographien in Daten und Fakten. Lies und beantworte die Fragen.**

Martin Luther

1483	in Eisleben geboren
1501–1505	studiert in Erfurt
1507	wird Priester
1510	reist nach Rom
1512	wird Professor an der Universität Wittenberg
1517	veröffentlicht seine 95 Thesen, kritisiert die Kirche
1521	Papst Leo X. exkommuniziert ihn; übersetzt Teile der Bibel ins Deutsche
1525	heiratet Katharina von Bora
1546	stirbt in Eisleben

J. W. von Goethe

1749	in Frankfurt am Main geboren
1765–1768	studiert in Leipzig
1770–71	studiert in Straßburg
1774	schreibt den Roman *Die Leiden des jungen Werther*
1775	zieht nach Weimar und wird Minister
1786	reist nach Italien
1794	Freundschaft mit Schiller beginnt
1806	heiratet Christiane Vulpius
1832	stirbt in Weimar

Käthe Kollwitz

1867	in Königsberg geboren
ab 1881	nimmt Kunstunterricht
1885–1889	studiert in Berlin, München und Königsberg
1891	heiratet den Arzt Karl Kollwitz
1898	wird mit dem Bilderzyklus *Ein Weberaufstand* bekannt
1919	wird Professorin und Mitglied der Preußischen Akademie der Künste
1924	malt das Bild *Nie wieder Krieg*
1933	Nationalsozialisten schließen sie aus der Akademie aus
1945	stirbt in Moritzburg bei Dresden

1. Wann und wo ist Goethe geboren?
2. Wann ist Luther nach Rom gereist?
3. Mit welchen Bildern ist Käthe Kollwitz berühmt geworden?
4. Was hat Luther im Jahr 1517 veröffentlicht?
5. Welches Bild hat Käthe Kollwitz im Jahr 1924 gemalt?
6. Mit welchem Roman ist Goethe berühmt geworden?
7. Wen hat Luther geheiratet? Und Goethe? Und Käthe Kollwitz?
8. Wer hat die Bibel ins Deutsche übersetzt?
9. Wer hat Käthe Kollwitz von der Akademie der Künste ausgeschlossen?
10. Wann und wo ist Luther gestorben?

Verben im Perfekt

Wann **ist** Goethe **geboren**?
└── Satzklammer

Goethe ist 1749 in Frankfurt geboren. Von … bis …

Martin Luther ist 1483 in Eisleben geboren. Von 1501 bis 1505 hat er in Erfurt studiert. …

Käthe Kollwitz ist 1867 in Königsberg geboren. Ab 1881 …

8 **Benutze deine Antworten und stell die Personen vor.**

AB 1–13

B Die schönste Stadt Deutschlands?

Mit 3,4 Millionen Einwohnern ist Berlin die größte Stadt Deutschlands. Seit der Wiedervereinigung ist Berlin Hauptstadt der Bundesrepublik. Hier tagt der Bundestag, das deutsche Parlament. Von 1961 bis 1989 war die Stadt durch eine Mauer geteilt. Das Brandenburger Tor ist das Wahrzeichen der Stadt.

Frankfurt am Main ist keine Millionenstadt, es hat ca. 650.000 Einwohner. Frankfurt ist aber die Finanzmetropole Deutschlands. Hier gibt es sehr viele Banken! Daher der Spitzname „Bankfurt". Hier findet jedes Jahr die größte Buchmesse der Welt statt.

Mit 1,7 Millionen Einwohnern ist Hamburg die zweitgrößte Stadt Deutschlands. Die Stadt ist berühmt für ihren Hafen (der größte Seehafen Deutschlands). Hamburg ist auch eine Medienstadt. Hier erscheinen die wichtigsten Zeitungen des Landes.

München ist die geheime Hauptstadt Deutschlands. Es hat 1,3 Millionen Einwohner und liegt im Süden, nicht weit von den Alpen entfernt. Alle Touristen kennen das Oktoberfest, das größte Volksfest der Welt. Und natürlich auch das Deutsche Museum, das größte Museum für Naturwissenschaft und Technik der Welt.

Rothenburg ist ohne Zweifel die schönste mittelalterliche deutsche Stadt. Jedes Jahr besuchen sehr viele Touristen die kleine (12.000 Einwohner) bayerische Stadt. Mauern, Türme und enge Gassen charakterisieren das romantische Stadtbild.

Lesen

9 **Was passt zusammen? Verbinde.**

Oktoberfest
Hafen
Buchmesse
mittelalterliche Stadt
Mauer
Finanzmetropole
Medienstadt
Brandenburger Tor
Deutsches Museum

Berlin
Hamburg
Rothenburg
Frankfurt
München

Lesen

10 **Bilde Sätze.**

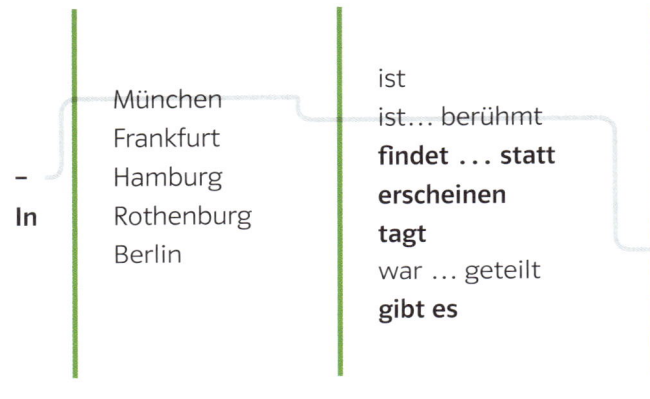

– München
Frankfurt
Hamburg
Rothenburg
In Berlin

ist
ist… berühmt
findet … statt
erscheinen
tagt
war … geteilt
gibt es

viele Zeitungen
viele enge Straßen
durch eine Mauer
eine mittelalterliche Stadt
die Buchmesse
die Finanzmetropole Deutschlands
für das Oktoberfest
der Bundestag
das Deutsche Museum
für seinen Hafen

München ist für das Oktoberfest berühmt. In München

_____

Sprechen

11 **Beantworte die Fragen.**

1. Wie heißt die größte Stadt Deutschlands?
2. Wo liegt der größte Seehafen Deutschlands?
3. Wie heißt das größte technische Museum der Welt?
4. Wie heißt das größte Volksfest der Welt?
5. Wo findet die größte Buchmesse der Welt statt?
6. Wie heißt die schönste mittelalterliche Stadt Deutschlands?

Sprechen

12 Wie ist das in eurem Land? Diskutiert in der Klasse.

Wie heißt die größte Stadt _____ ? Wo liegt sie?

Wie heißt die modernste Stadt _____ ? Wo liegt sie?

Wie heißt der höchste Berg _____ ?

Wie heißt der / die berühmteste Sänger / Sängerin in _____ ?

Wie viele Einwohner hat die größte Stadt _____ ?

Wie heißt der / die berühmteste Schauspieler / Schauspielerin in _____ ?

Grammatik

13 Bilde Sätze.

Wolfgang von Goethe			Sportart	
Casper			Volksfest	
Das Deutsche Museum		größte	Dichter	
Wilhelm Tell		bekannteste	Berg	Österreichs.
Skifahren	der	längste	Nationalheld	Deutschlands.
Der Rhein	ist das	beliebteste	Fußball-Arena	Europas.
Der Montblanc	die	berühmteste	Museum	der Schweiz.
Berlin		wichtigste	Fluss	der Welt.
Das Ernst-Happel-Stadion		höchste	Musiker	
Das Oktoberfest			Stadt	
Zürich				

Wolfgang von Goethe ist der bekannteste Dichter Deutschlands. Casper ist _____

_____

Sprechen

14 Sammelt in Gruppen Rätselfragen mit Superlativen. Stellt eure Fragen den anderen Gruppen: Für jede richtige Frage und Antwort gibt es je einen Punkt!

Wir haben geschrieben: Wie heißt die beliebteste Sportart in Spanien?

Oh, das ist doch klar: Die beliebteste Sportart ist natürlich …!

Also, wer ist die größte …

Hm, wir denken, die größte …

bestimmter Artikel + Superlativ + Nomen

Nominativ   der läng**ste** Fluss
das wichtig**ste** Museum
die schön**ste** Stadt

C Deutsche Autos

Die deutsche Automobilindustrie

Kaum ein anderes industrielles Massenprodukt hat den Alltag der Menschen mehr verändert als das Auto. In Deutschland, in China und in vielen Industrieländern wie den USA und Japan ist die Automobilindustrie einer der bedeutendsten Industriezweige.

In Deutschland waren im Jahr 2013 ca. 756.000 Menschen in der Produktion von Autos direkt beschäftigt.

Aber wer sind die großen Autohersteller des Landes? An erster Stelle steht Volkswagen (VW)! Das meistverkaufte Modell des Jahres 2013 war der VW Golf. Danach kommen Mercedes, BMW, Audi, Opel und Ford.

Sehr wichtig für die Autoindustrie ist die IAA, die Internationale Automobil-Ausstellung. Dieses Event findet alle zwei Jahre in Frankfurt statt. Keine Autoschau ist so groß wie die IAA. Die beliebtesten Autohersteller der Welt präsentieren hier auf 225.000 m² ihre neusten Modelle.

Lesen

15 **Richtig (R) oder falsch (F)? Lies und kreuze an.**

		R	F
1.	Das Auto hat unser Leben stark verändert.	☐	☐
2.	Die Autoindustrie ist ein wichtiger Industriezweig Deutschlands.	☐	☐
3.	Im Jahr 2013 haben 756.000 Personen ein neues Auto gekauft.	☐	☐
4.	VW ist nach Mercedes der zweitgrößte Autohersteller Deutschlands.	☐	☐
5.	Die IAA ist eine wichtige Autoschau.	☐	☐
6.	Die IAA findet jedes Jahr in Frankfurt statt.	☐	☐

Sprechen

16 **Welches Auto ist schneller? Diskutiert in der Klasse.**

[schneller • schöner • eleganter • sportlicher • teurer • billiger • bequemer • größer • kleiner]

Komparativ
Adjektiv + -er
schnell → schnell**er**

Ich finde, der VW-Käfer ist eleganter als der Porsche.

Ja, aber auch langsamer!

Ich glaube, …

Sprechen

17 **Welches Auto ist am schnellsten? Diskutiert in der Klasse.**

Mercedes

Porsche

Golf

Smart

Ich denke, der Golf ist sehr schnell.

Der Mercedes ist aber schneller.

Und der Porsche ist am schnellsten!

Übt weiter mit:

schön, elegant, sportlich, groß, teuer, bequem

Sprechen

18 **Und welches Auto möchtest du? Begründe.**

Ich möchte einen Golf, weil …
Ich möchte keinen Golf, weil …
Ich möchte einen Smart, weil …
Ich möchte keinen Smart, weil …

> **Nebensatz mit *weil***
> Ich möchte einen Porsche, weil er schnell **ist**.

19 Vor- und Nachteile des Smarts. Lies und ergänze die Tabelle.

Das kleinste Auto der Welt

Wer ein großes Auto hat und in einer Stadt wohnt, kennt das Problem: nirgend-wo findet man einen Parkplatz. Es gibt einfach zu viele Autos in Deutschland. Man braucht also kleine Autos.

Als der Smart auf den Markt kam, haben viele Leute über diese Miniversion eines Autos gelacht. Inzwischen kennt jeder die Vorteile des kleinen Autos aus dem Hause Mercedes-Benz.

Mit einem Smart gibt es nur selten Probleme, einen Parkplatz zu finden. Das kleine Auto ist ca. 2,5 Meter lang und 1,5 Meter breit. So passt es in jede noch so kleine Parklücke. Der Nachteil ist: Im Auto finden nur zwei Personen Platz. Außerdem ist der Smart für lange Reisen ungeeignet. Und er ist nicht gerade billig!

Der Smart wird in Deutschland geplant und in Frankreich gebaut. Mercedes-Benz hat viel Geld investiert, um das kleine Auto populär zu machen. Mit Erfolg!

+	−

20 Beantworte die Fragen.

1. Warum ist der Smart so populär?
2. Wie groß ist der Smart?

3. Welche Firma baut den Smart?
4. Gefällt dir der Smart? Warum (nicht)?

[**Phonetik**]

a Welchen Namen hörst du <u>nicht</u>? Hör zu und markiere. ▶ 31
   1. Herr von Goethe – Herr von Gothe – Herr von Gehte
   2. Frau Kollwitz – Frau Köllwitz – Frau Kellwitz
   3. Herr Tell – Herr Tüll – Herr Till
   4. Herr Löther – Herr Luther – Herr Lüther
b Hör zu, sprich nach und notiere die Wörter mit *ü* und *ö*. ▶ 32
c Was findest du größer, schöner, berühmter?
   Frag deinen Partner / deine Partnerin.
   Findet weitere Fragen!

   Casper oder Ludwig van Beethoven?

   Hamburg oder Rothenburg?

   Golf oder Smart?

AB
16–21

Grammatik auf einen Blick

Verben im Perfekt (3)

Käthe Kollwitz hat das Bild *Nie wieder Krieg* gemalt.
Martin Luther hat in Erfurt studiert.
Albert Einstein hat die Relativitätstheorie begründet.
Was hat Luther im Jahr 1517 veröffentlicht?

Wo steht haben *oder* sein, *wo das Partizip Perfekt?*

Die Form von *haben* oder *sein* steht im Aussagesatz und in W-Fragen auf Position _____ .
Das Partizip Perfekt ist am Satzende.

	haben / sein		Partizip Perfekt
Ludwig van Beethoven	**hat**	neun Sinfonien	**komponiert.**
Martin Luther	**ist**	1483 in Eisleben	**geboren.**
Wann	**ist**	Goethe	**geboren?**

Satzklammer

Partizip Perfekt (3)

Verben auf *-ieren*:	... t
komponieren	komponiert
studieren	studiert

Verben, die mit *be-*, *ent-*, *er-*, *ge-*, *ver-* beginnen:	... t / en
veröffentlichen	veröffentlicht
beginnen	begonnen

Bei den Verben auf *-ieren* hat das Partizip Perfekt nur hinten die Endung _____ .
Verben, die mit *be-*, *ent-*, *er-*, *ge-* und *ver-* beginnen, haben kein *ge-*. Das Partizip Perfekt beginnt mit der Vorsilbe, hinten steht die Endung *-t* oder *-en*.

Präteritum: *sein* (2)

Einstein war Wissenschaftler.
Ich denke, Goethe war streng.
Was waren sie?

	sein
ich	war
du	warst
er, es, sie	war
wir	waren
ihr	wart
sie, Sie	waren

Welche Formen sind gleich?

Im Präteritum sind die Formen bei _____ und _____ sowie bei _____ und _____ gleich.

Deklination der Adjektive (3)

Wer war der strenge Dichter?
Das war die schöne Schauspielerin.
Wer war das intelligente Mathematikgenie?

bestimmter Artikel + Adjektiv + Nomen			
	maskulin	**neutral**	**feminin**
Nominativ	der strenge Dichter	das intelligente Mathematikgenie	die schöne Schauspielerin

> Die Endung für Adjektive, die zwischen dem bestimmten Artikel und einem Nomen im Nominativ Singular stehen, ist -_____.

Komparation der Adjektive

Ich denke, der Golf ist sehr schnell.
Der Mercedes ist aber schneller.
Der Porsche ist am schnellsten.

Der Porsche ist schöner als der Käfer.

> Wenn du zwei Dinge oder Personen vergleichst, brauchst du dazu _____ .

Positiv	Komparativ	Superlativ
Adjektiv	Adjektiv + -er	am + Adjektiv + (e)sten
schnell	schneller	am schnellsten
lang	länger	am längsten
groß	größer	am größten
bekannt	bekannter	am bekanntesten

> **Besondere Formen:**
> gut – besser – am besten
> viel – mehr – am meisten
> hoch – höher – am höchsten
> gern – lieber – am liebsten
> teuer – teurer – am teuersten
>
> lang – länger – am längsten

Berlin ist die größte Stadt Deutschlands.

bestimmter Artikel + Superlativ + Nomen			
	maskulin	neutral	feminin
Nominativ	der längste Fluss	das bekannteste Museum	die größte Stadt

Genitiv bei Städte-, und Ländernamen

das Wahrzeichen Berlins
die größte Stadt Deutschlands
der höchste Berg Europas

> Genitiv bei Namen von Städten und Ländern (z.B. Berlin, Deutschland, Europa): Name + -__ !

Nebensatz mit *weil* (2)

Ich möchte einen Golf, weil er elegant und sportlich ist.
Mir möchte keinen Smart, weil er zu klein ist.

			konjugiertes Verb
Ich möchte keinen Smart,	weil	er zu klein	ist.

Weil leitet einen Nebensatz ein. Das konjugierte Verb steht im Nebensatz am _____. Zwischen Hauptsatz und Nebensatz steht immer ein Komma!

Temporalangaben: Jahreszahlen

1770 siebzehnhundertsiebzig
1832 achtzehnhundertzweiunddreißig
1945 neunzehnhundertfünfundvierzig
2006 zweitausendsechs

Wie sprichst du die Jahreszahlen richtig aus?

Wortschatz: Das ist neu!

der Dichter, -

die Dichterin, -nen

der Komponist, -en

die Komponistin, -nen

der Maler, -

die Malerin, -nen

der Philosoph, -en

die Philosophin, -nen

der Priester, -

der Professor, -en

die Professorin, -nen

der Reformator, -en

der Sänger, -

die Sängerin, -nen

der Schauspieler, -

die Schauspielerin, -nen

der Wissenschaftler, -

die Wissenschaftlerin, -nen

die Persönlichkeit, -en

der Spitzname, -n

bekannt
Wer ist der bekannteste Dichter Deutschlands?

berühmt

genial

kreativ

phantasievoll

romantisch

sensibel

die Bibel, -n

übersetzen
Luther hat die Bibel übersetzt.

das Bild, -er

das Museum, Museen

der Roman, -e

die Relativitätstheorie (Singular)
Einstein hat die Relativitätstheorie begründet.

die Sinfonie, -n

der Berg, -e

hoch

die Welt, -en
Der höchste Berg der Welt.

der Fluss, ̈e

die Gasse, -n

der Hafen, ̈
Hamburg hat einen großen Hafen.

die Kirche, -n

die Mauer, -n

der Einwohner, -
Wie viele Einwohner hat Berlin?

die Hauptstadt, ̈e
Berlin ist die Hauptstadt Deutschlands.

das Wahrzeichen, -
Das Brandenburger Tor ist das Wahrzeichen Berlins.

die Buchmesse, -n

stattfinden
Wo findet die Buchmesse statt?

mittelalterlich
Rothenburg ist eine mittelalterliche Stadt.

erscheinen
In Hamburg erscheinen viele Zeitungen.

der Bundestag (Singular)

teilen
Berlin war lange geteilt.

die Wiedervereinigung, -en

das Volksfest, -e

beginnen

glauben

kritisieren

komponieren

heiraten

malen

nehmen

reisen

sterben (er stirbt)

werden

das Industrieland, ̈er

der Industriezweig, -e

die Automobilindustrie, -n

der Autohersteller, -

die Automobilausstellung, -en

meistverkauft
Der Golf ist das meistverkaufte Modell von VW.

Zwischenstation 8

Unterwegs

Entschuldigung, …

Hören ▶ 33

1 **Wie gehen die Sätze weiter? Hör zu und verbinde.**

Entschuldigung,	bis zum Stephansplatz, dann links.
Immer geradeaus	mit dem Bus Nr. 12.
Nein, nein. Du gehst	wie komme ich zum Astra-Kino?
Du fährst am besten	geradeaus bis zur Kreuzung und dann rechts.

Wortschatz

2 **Was passt zusammen? Ordne zu.**

☐ a Geradeaus / Gehen Sie immer geradeaus.

☐ b Nach rechts / Gehen Sie nach rechts. Nehmen Sie die erste Straße rechts.

☐ c Nach links / Gehen Sie nach links. Nehmen Sie die erste Straße links.

☐ d Über die Straße / Gehen Sie über die Straße.

3 **Bitte, wie komme ich …? Hör zu und markiere den Weg auf dem Stadtplan.**

Du hörst zwei Dialoge:
im Dialog A will der Passant vom Bahnhof zum Rathaus gehen.
im Dialog B will der Passant vom Dom zur Kirche St. Anna gehen.

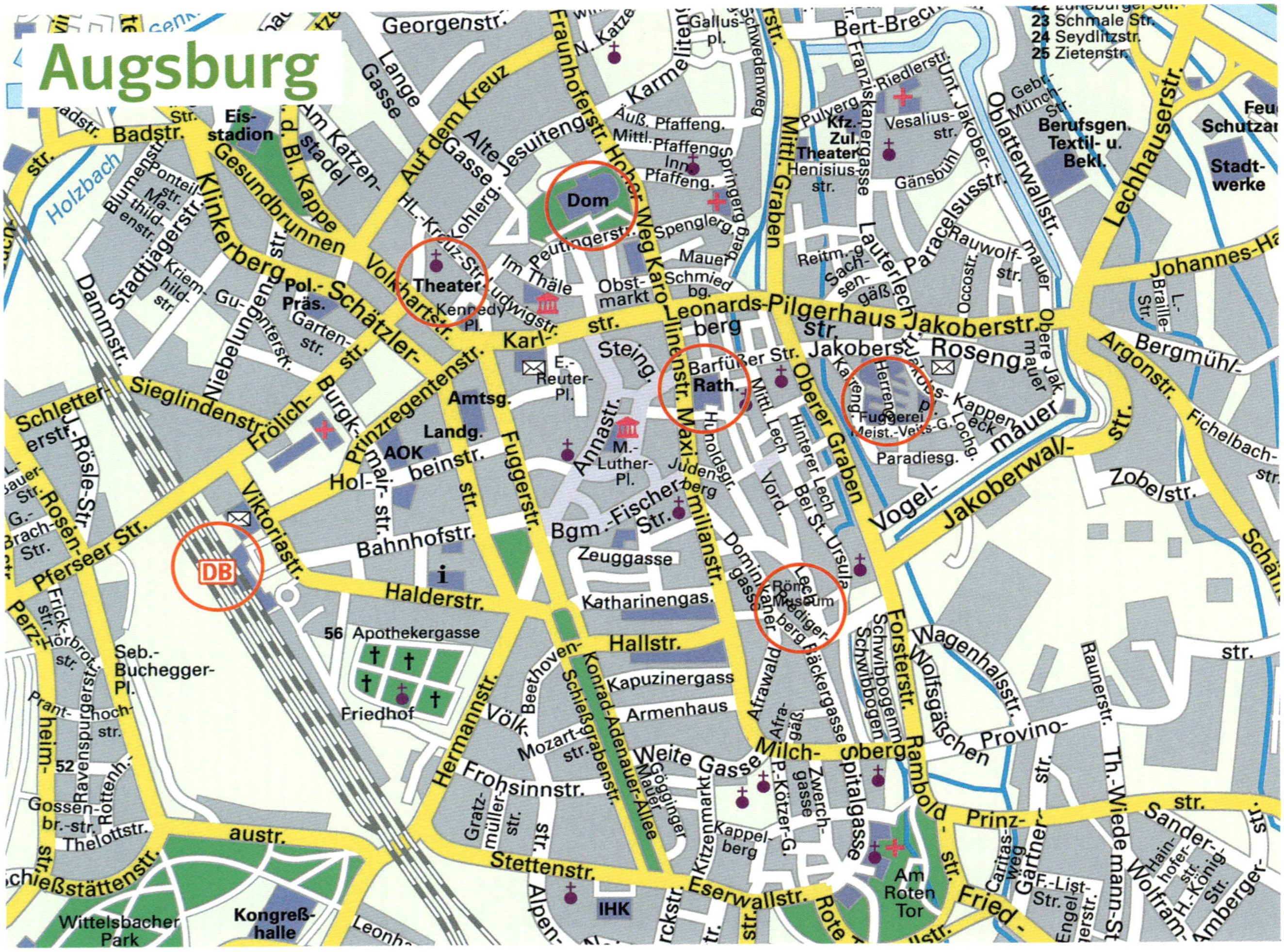

Sprechen

4 **Erklär den Weg …**

… vom Bahnhof zum Stadttheater.
… vom Dom zur Fuggerei.
… vom Rathaus zum Römischen Museum.

Entschuldigung, wie komme ich zum Stadttheater?

5 Lies den Text und beantworte die Fragen.

Jugendliche zeigen ihre Stadt: Gera

Oft sind die jungen Stadtführer zu Fuß unterwegs: Bei einem Spaziergang durch ihre thüringische Heimatstadt oder bei der Besteigung des Rathausturms, wo ihre Gäste 161 Stufen nach oben gehen müssen. Sie haben sich deshalb den Namen „Per Pedes" gegeben, manchmal fahren sie bei ihrem Job aber auch mit dem Bus oder mit der historischen Straßenbahn.

Schon seit 1983 gibt es in Gera Stadtführungen von Schülern. Der Verein „Per Pedes" hat im Moment 19 aktive junge Stadtführer – 9 Mädchen und 10 Jungen.

Über 800 Menschen sind pro Jahr mit den jungen Stadtführern unterwegs, darunter viele Schulklassen und Leute aus Gera mit ihren Verwandten oder Freunden, aber auch immer öfter Gäste aus dem Ausland.

Der 17-jährige Tom geht mit den Touristen eine Route, die vom Markt- zum Mohrenplatz bis zum Geburtshaus des Malers Otto Dix führt. Andere Jungen und Mädchen zeigen ihren Gästen die historische Altstadt.

Die Jugendlichen haben großen Spaß an ihrer Arbeit. „Im Sommer ist es schon mal richtig stressig – bei großen Gruppen von ca. 20 Leuten," meint Diana, die seit 2 Jahren für „Per Pedes" arbeitet.

1. Was machen die Jugendlichen aus Gera?
2. Warum heißt der Verein „Per Pedes"?
3. Wie viele Jugendliche arbeiten aktuell für den Verein?
4. Mit wem sind die Jugendlichen unterwegs?

Fit

6 Du hast den Artikel gelesen, findest die Idee toll und möchtest gern eine Stadtführung für deine Klasse organisieren. Schreib eine E-Mail an „Per Pedes". Die Stichworte helfen dir.

Artikel gelesen
Tolle Idee!
meine Klasse: _____ Jungen und Mädchen
Stadtführung für unsere Klasse möglich?
Wann und wo?
die Führung: wie lange?

Liebes Team,
Ich habe _____

_____

7 **Lies die Anzeige und kreuze an.**

**Die neusten Bücher entdecken
und Goethes Geburtsstadt kennen lernen!**

Jugendreise zur Buchmesse

Ihr mögt Bücher? Macht mit bei unserer aktuellen Jugendreise nach Frankfurt und besucht gemeinsam mit Freunden die internationale Buchmesse!

Ihr könnt dort spannende Jugendromane und neue Comics lesen. Könnt Ihr gut zeichnen? Es gibt auch einen Manga-Wettbewerb für Schüler zwischen 12 und 18 Jahren.

Nach der Buchmesse findet noch eine kleine Stadtführung durch Frankfurt statt.
– Bankenviertel
– Goethes Geburtshaus
– Römerplatz

Termin: 23. Oktober, Abfahrt um 10 Uhr
Kosten: 15 € Busfahrt, 12 € Messe-Eintritt, 8 € Stadtführung
Weitere Informationen unter: 06 43 / 87 23 56

1. Warum soll man eine Reise nach Frankfurt machen?
   - [ ] a Weil man gerne liest und die Stadt kennen lernen möchte.
   - [ ] b Weil man die internationale Automesse besuchen möchte.
   - [ ] c Weil man Freunde besuchen möchte.

2. Wer kann bei der Jugendreise mitmachen?
   - [ ] a Familien mit Jugendlichen
   - [ ] b Schüler zwischen 12 und 18 Jahren
   - [ ] c Jugendliche und ihre Freunde

3. Wie teuer ist die gesamte Reise zur Buchmesse?
   - [ ] a 35 €
   - [ ] b 12 €
   - [ ] c für Schüler kostenlos

Landeskunde

Schneller unterwegs mit dem elektronischen Fahrrad

☐

Das elektronische Fahrrad wird in Deutschland immer beliebter. Es gibt verschiedene Namen und Modelle: Pedelec zum Beispiel ist die Abkürzung für „Pedal Electric Cycle". Von allen in Deutschland verkauften Fahrrädern ist jedes 10. Rad ein Pedelec.

☐

Mit dem Pedelec muss man nicht sehr sportlich sein und kann viel Spaß beim Radfahren haben. Hohe Berge und lange Urlaube mit dem Rad sind kein Problem mehr: Das Pedelec hat einen kleinen Elektromotor, der den Fahrer beim Radfahren unterstützt. Die Kraft für den Motor bekommt das Rad aus einem Akku. Ganz ohne eigene Kraft fährt das Pedelec aber auch nicht. Wie bei einem normalen Fahrrad muss man in die Pedale treten.

☐

Das Pedelec ist nicht nur bei rüstigen Rentnern beliebt: Auch junge Leute kaufen es gerne – sie können damit längere Distanzen vom Land in die Stadt fahren, auch ohne ein eigenes Auto zu haben. Und es ist schnell: Bis 25 Kilometer pro Stunde kann man damit fahren. In der Großstadt ist das Pedelec eine gute Alternative zu Auto, Bus und Straßenbahn.

Lesen

8 **Lest den Text und ergänzt die Überschriften.**

A   Die Vorteile

B   So funktioniert ein Pedelec

C   Ein oft gekauftes Rad

Sprechen

9 **Auto oder Pedelec? Was gefällt euch besser? Sammelt Argumente und diskutiert in der Klasse.**

Lektion 17

Alles Gute zum Geburtstag!

A Wann hast du Geburtstag?

Hören ▶ 35

1 **Wer hat wann Geburtstag? Hör zu und verbinde.**

Nicole	am 18. *(achtzehnten)* April
Lisa	am 11. *(elften)* Januar
Achim	am 22. *(zweiundzwanzigsten)* Mai
Dominik	am 2. *(zweiten)* September
Felix	am 9. *(neunten)* August
Tanja	am 31. *(einunddreißigsten)* Juli

Sprechen

2 **Fragt und antwortet.**

a ● Wann hat Nicole Geburtstag?
  ○ Sie hat am 9. *(neunten)* August Geburtstag.

b ● Wer hat am 9. *(neunten)* August Geburtstag?
  ○ Nicole hat am 9. *(neunten)* August Geburtstag.

Hören ▶ 36

3 **Hör zu, markiere den Akzent und sprich nach.**

Januar   Februar   März   April   Mai   Juni   Juli
August   September   Oktober   November   Dezember

Sprechen

4 **Wer hat in welchem Monat Geburtstag? Macht eine Klassenumfrage und präsentiert die Ergebnisse.**

Januar ✗ ✗ ✗	Juli ✗ ✗ ✗ ✗
Februar	August
März	September
April ✗ ✗	Oktober
Mai	November
Juni	Dezember

Zwei Schüler haben im April Geburtstag.
Drei haben im Januar Geburtstag.
Vier …
Niemand …

Sprechen

5 **Wann hast du Geburtstag? Fragt und antwortet.**

Wann hast du Geburtstag? → Ich habe am 8. Juli Geburtstag.
Wann hast du Geburtstag? → Ich habe am …

am 1. (**ersten**) April	am 10. (zehn**ten**)
am 2. (zwei**ten**)	am 11. (elf**ten**)
am 3. (**dritten**)	am 12. (zwölf**ten**)
am 4. (vier**ten**)	…
am 5. (fünf**ten**)	am 20. (zwanzig**sten**)
am 6. (sechs**ten**)	am 21. (einundzwanzig**sten**)
am 7. (sieb**ten**)	am 22. (zweiundzwanzig**sten**)
am 8. (ach**ten**)	…
am 9. (neun**ten**)	am 30. (dreißig**sten**)

6 **Wie alt wird Tanja? Bildet Dialoge wie im Beispiel.**

	werden
ich	werde
du	wirst
er, es, sie	wird

Ich werde dieses Jahr 15.

Tanja, du hast am 22. Mai Geburtstag. Wie alt wirst du dieses Jahr?

Lisa, 2. September → 13
Nicole, 9. August → 14
Achim, 31. Juli → 16
Dominik, 18. April → 14
Felix, 11. Januar → 15

7 **Welches Sternzeichen bist du? Fragt und antwortet.**

Steinbock	Wassermann	Fische	Widder	Stier	Zwillinge

22. Dezember – 20. Januar	21. Januar – 19. Februar	20. Februar – 20. März	21. März – 20. April	21. April – 20. Mai	21. Mai – 21. Juni

Krebs	Löwe	Jungfrau	Waage	Skorpion	Schütze

22. Juni – 22. Juli	23. Juli – 23. August	24. August – 23. September	24. September – 23. Oktober	24. Oktober – 22. November	23. November – 21. Dezember

Welches Sternzeichen bist du? → Ich bin am 8. Juli geboren. Ich bin also Krebs. →
Welches Sternzeichen bist du? → Ich bin am …

AB 1 – 7

B Eine Einladung

Hallo zusammen,
wie ihr wisst, habe ich am 22. Mai Geburtstag. Ich werde endlich 15! Ich gebe eine Party und natürlich möchte ich euch alle ganz herzlich einladen.
Die Party findet bei mir zu Hause im Garten statt – ich hoffe, es regnet nicht!!
Wir beginnen um 15 Uhr.
Also, kommt einfach vorbei und bringt gute Laune mit. Ich freue mich auf euch.
Und seid bitte pünktlich, ich habe eine Überraschung!
Steffi, bring doch bitte deine Gitarre mit, dann können wir singen und tanzen.
Danke!!!
Tschüss,
Tanja

Lesen

8 **Richtig (R) oder falsch (F)? Lies und kreuze an.**

	R	F
1. Tanja wird am 22. Mai 15.	☐	☐
2. Tanja möchte mit ihren Freunden ausgehen.	☐	☐
3. Tanja macht ein Fest.	☐	☐
4. Tanjas Freunde sollen pünktlich um 15 Uhr bei Tanja sein.	☐	☐
5. Steffi soll mit ihrer Gitarre zur Party kommen.	☐	☐

Sprechen

9 **Sollen wir …? Bildet Dialoge wie im Beispiel.**

> Tanja, danke für die Einladung. Ich komme mit Lisa. Sollen wir etwas zu trinken mitbringen?

> Ja, bringt eine Flasche Cola oder Apfelsaft mit!

Imperativ
mitbringen
~~Ihr~~ bringt … mit.

[um 15 Uhr kommen • Pizza kaufen • andere Leute einladen •
etwas zu essen vorbereiten • einen Kuchen backen • Musik mitbringen]

10 **Wen soll ich noch einladen? Bildet Dialoge.**

● Wen soll ich einladen? Dominik?

○ Ja, lad ihn ein!

Übt weiter mit:

Nicole   die Freundin von Lisa   unser Deutschlehrer

der Bruder von Oliver   unsere Deutschlehrerin

> **sollen**
> Ich **soll** ihn einladen.

11 **Geschenke. Fragt und antwortet.**

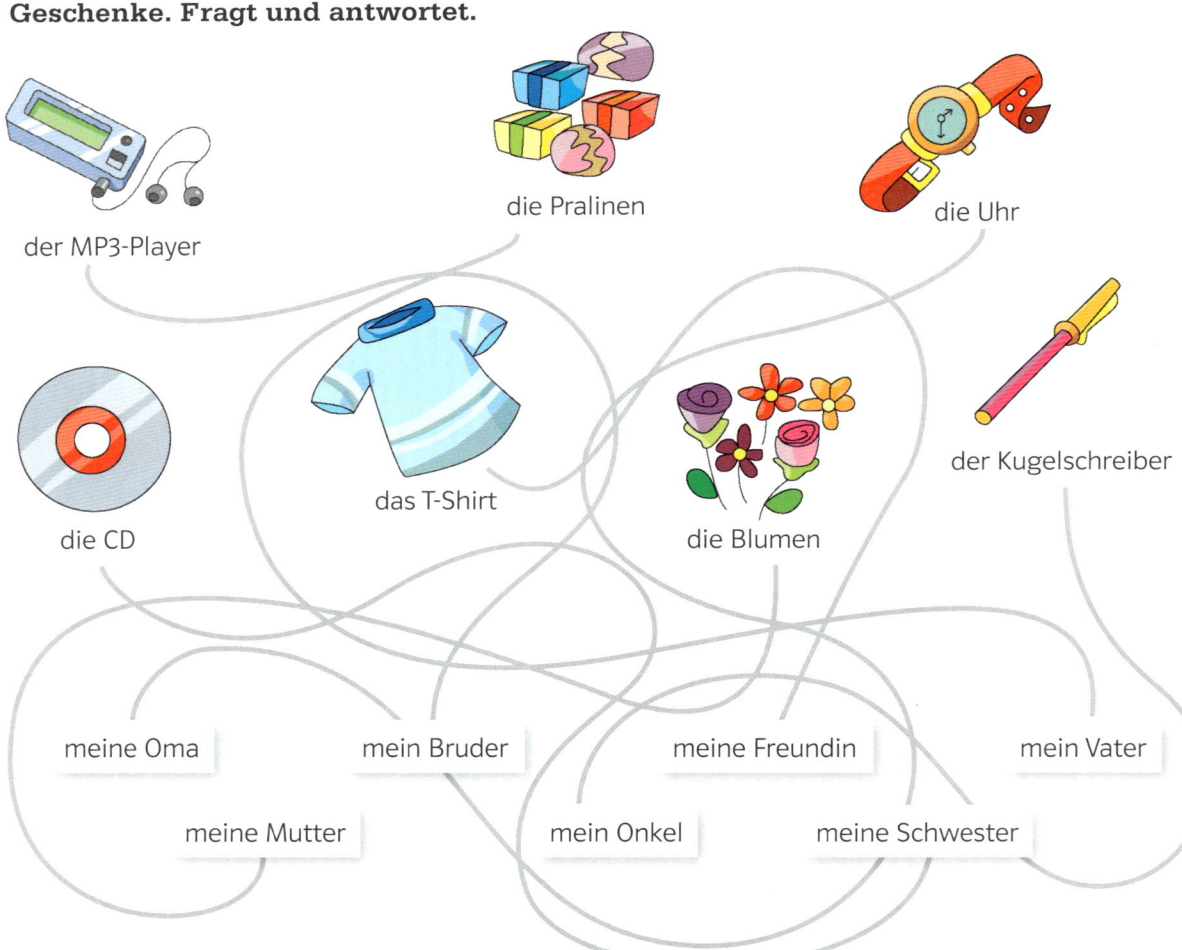

der MP3-Player   die Pralinen   die Uhr

die CD   das T-Shirt   die Blumen   der Kugelschreiber

> **für wen + Akk.**
> Für wen ist das?
> Das ist für ihn.

meine Oma   mein Bruder   meine Freundin   mein Vater

meine Mutter   mein Onkel   meine Schwester

● Für wen ist der MP3-Player? Für meinen Bruder?

○ Ja, für ihn.

○ Nein, nicht für ihn, sondern für deine(n) …

Hören ▶ 37

12 **Für wen sind die Geschenke? Hör zu, markiere die Personalpronomen und ergänze die Tabelle.**

Für mich? Danke! Aber ich hab auch etwas für euch.

Tanja, wir haben ein Geschenk für dich!

Für uns? Aber Tanja, du hast Geburtstag, nicht wir!

	ich	du	wir	ihr
für				

Sprechen

13 **Für mich? Nein, nicht für dich. Fragt und antwortet.**

● Für wen ist das Geschenk? Für mich?
○ Nein, nicht für dich, sondern für Felix.

Übt weiter mit:

das Buch – ich – Nicole
die Pralinen – wir – Oma
die CDs – wir – Felix und Dominik
die Blumen – ich – Mama
der Kugelschreiber – ich – Onkel Georg

C Wie feierst du deinen großen Tag?

So feiere ich meinen Geburtstag

> Ich miete einen Raum in der Stadt und lade alle meine Freunde ein. Wir tanzen, essen … Solche Feste gefallen mir sehr!"
>
> Achim

> Meine Lieblingstiere sind Pferde. Deswegen fahren meine Eltern, meine Schwester und ich zu einem Pferdehof. Dort kann ich den ganzen Tag reiten. Toll, oder?"
>
> Dominik

> An meinem Geburtstag organisiere ich mit meinen Freunden eine Netzwerkparty bei mir zu Hause. Wir verbinden unsere PCs und spielen dann zusammen. Das macht viel Spaß!"
>
> Felix

> Am Nachmittag kommen meine Verwandten zu mir und wir essen zusammen Kuchen. Später kommen meine Freunde und wir spielen Computerspiele."
>
> Lisa

> Ich gehe mit meinen Freundinnen ins Kino. Dann gehen wir alle zusammen Eis essen."
>
> Nicole

Lesen

14 **Was ist falsch? Lies und korrigiere die Sätze.**

1. Lisa trinkt Tee mit ihren Freunden.
2. Nicole fährt mit ihren Eltern in die Schwimmhalle.
3. Achim mietet einen Platz im Tennisclub.
4. Felix organisiert eine Gartenparty bei seiner Oma.
5. Dominik geht mit seinen Verwandten zu einem Fußballspiel.

Lisa isst Kuchen mit ihren Verwandten.

_____

_____

Schreiben

15 Und du? Wie feierst du Geburtstag? Ergänze die Sätze und schreib einen kurzen Text.

1. Wo feierst du Geburtstag?
   - ☐ zu Hause
   - ☐ in einem Lokal
   - ☐ in einem Fastfood-Restaurant
   - ☐ _____

2. Was machst du?
   - ☐ Ich gebe eine Party.
   - ☐ Ich organisiere Spiele bei mir zu Hause.
   - ☐ Wir essen, trinken, tanzen, spielen …
   - ☐ _____

3. Wen lädst du ein?
   - ☐ meine Freunde
   - ☐ meine Klassenkameraden
   - ☐ meine Verwandten
   - ☐ _____

4. Was gibt es zu essen?
   - ☐ Pizza und Chips
   - ☐ Torten und Kuchen
   - ☐ belegte Brötchen
   - ☐ _____

5. Wie lange dauert die Party?
   - ☐ 3 Stunden, von 15 bis 18 Uhr
   - ☐ 3 Stunden, von 19 bis 22 Uhr
   - ☐ den ganzen Nachmittag
   - ☐ den ganzen Abend
   - ☐ _____

6. Sind deine Eltern dabei?
   - ☐ Ja
   - ☐ Nein

Ich feiere meinen Geburtstag _____

_____

_____

_____

16 **Geburtstagsspiele. Was passt zusammen? Ordne zu und ergänze die Tabelle.**

Spielbeschreibung

Bild

a Das Geburtstagskind denkt sich ein Wort aus und sagt es seinem linken Nachbarn leise ins Ohr. Dieser flüstert das Wort dann auch seinem linken Nachbarn ins Ohr und so weiter. Der / Die Letzte in der Runde sagt das Wort laut. Auch das Geburtstagskind sagt das Wort dann laut. Du wirst dich wundern, was da alles herauskommt.

b Füllt einen Eimer mit Wasser. Legt ein leeres Glas so hinein, dass es im Wasser schwimmt. Nun füllen die Partygäste einer nach dem anderen mit einem zweiten Glas etwas Wasser in das Glas. Wenn das Glas voll ist, geht es unter. – Bist du da gerade an der Reihe, hast du leider verloren.

c Malt ein paar Bilder (Auto, Vogel, Elefant, Gitarre …), macht oben in das Blatt zwei Löcher und zieht einen Faden durch. Nun stellen sich zwei Kinder gegenüber auf ein Bein. Jedes Kind bekommt ein Bild um den Hals, aber das Bild muss auf dem Rücken sein. Nun musst du versuchen, das Bild von deinem Partner / deiner Partnerin zu sehen, aber Achtung: Er / Sie soll dein Bild nicht sehen können.

d Alle bewegen sich im Raum. Der Gruppenleiter nennt eine Zahl. Bildet nun Gruppen mit genau dieser Gruppengröße. Wer in keiner Gruppe ist, scheidet aus. Alternative: Der Gruppenleiter nennt nicht Zahlen, sondern Augenfarbe, Sockenfarbe, Schuhgröße, T-Shirt … und ihr müsst nun solche Gruppen bilden.

Spielname	Gläser versenken	Stille Post	Hahnenkampf	Grüppchenbildung
Spielbeschreibung	a	b	c	d
Bild				
Spielname				

17 **Hören** ▶ 38

Gespräch mit Oliver. Richtig (R) oder falsch (F)? Hör zu und kreuze an.

		R	F
1.	Oliver hat am 10. April Geburtstag.	☐	☐
2.	Oliver wird 14.	☐	☐
3.	Oliver gibt eine Party zu Hause.	☐	☐
4.	Oliver lädt auch eine Nachbarin ein.	☐	☐
5.	Oliver geht mit seinen Freunden in die Pizzeria.	☐	☐
6.	Seine Freunde schenken Oliver eine neue Uhr.	☐	☐

Hören ▶ 39

18 **Zum Geburtstag viel Glück! Hör zu und sing mit.**

Zum Ge - burts - tag viel Glück, zum Ge - burts - tag viel Glück! Zum Ge -

burts - tag lie - be Ta - nja! Zum Ge - burts - tag viel Glück!

[**Phonetik**]

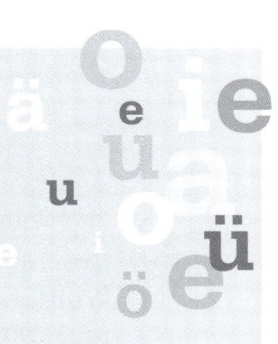

a Lang oder kurz? Hör zu, achte auf die markierten Vokale und notiere L (lang) oder K (kurz). ▶ 40

Wassermann ☐   Waage ☐   Widder ☐   Zwillinge ☐
Stier ☐   Schütze ☐   Löwe ☐   Krebs ☐

b Hör zu und sprich nach. ▶ 41

c Wie ist dein Vorname? Sind die Vokale kurz oder lang? Welcher Vorname hat die meisten langen, welcher die meisten kurzen Vokale? Fragt, antwortet und sammelt in der Klasse.

Landeskunde

Zu Weihnachten feiert man die Geburt Christi. Vor allem Kinder freuen sich besonders auf das Weihnachtsfest, denn sie bekommen viele Geschenke. Überall sieht man geschmückte Weihnachtsbäume. In der Adventszeit finden in vielen Städten die traditionellen Weihnachtsmärkte statt. Besonders berühmt ist der Christkindlmarkt in Nürnberg: Er ist schon über 350 Jahre alt. Am Abend des 24. Dezember, dem Heiligen Abend, singt man Weihnachtslieder und man verteilt Geschenke. Viele Leute gehen dann zur traditionellen „Mitternachtsmette".

Immer am Ende des Winters sieht man in Deutschland Menschen mit komischen Hüten und seltsamer Kleidung. Jeder weiß: Der Karneval geht wieder los! Eine andere Bezeichnung für Karneval ist Fasching. Der Unterschied: In Norddeutschland feiert man den Karneval, in Süddeutschland den Fasching. Höhepunkte sind der Rosenmontag und der Faschingsdienstag. Im Mittelpunkt der Feier steht oft ein großer Umzug: Verkleidete Kinder und Erwachsene fahren auf bunten Wagen durch die Straßen der Stadt und werfen Süßigkeiten ins Publikum.

Ostern ist das wichtigste Fest der Christen. An diesem Tag ist Jesus vom Tod auferstanden. Die Auferstehung am Ostersonntag ist das Ende der Fastenzeit. Ostern ist ein sehr schönes Fest, besonders für Kinder. Sie glauben, dass der Osterhase in ihren Garten kommt, um bunte Eier und Süßigkeiten zu verstecken. Die Kinder suchen dann danach und sind glücklich, wenn sie alles gefunden haben. Schon Tage vorher bereiten sich viele Familien mit Kindern auf das traditionelle Osterfest vor. Die Kleinen malen die Eier bunt an oder basteln kleine Osterhasen.

Lesen

19 **Was gehört zusammen? Ergänze.**

> Heiligen Abend feiern • Eier bunt anmalen • Auferstehung Christi feiern •
> Geburt Christi feiern • komische Hüte tragen • großer Umzug stattfinden •
> Hase, Eier, Süßigkeiten suchen • Mitternachtsmette besuchen

Weihnachten _____

Fasching / Karneval _____

Ostern _____

Sprechen

20 **Erzähl, wie man in Deutschland Weihnachten, Karneval / Fasching und Ostern feiert.**

> In der Karnevalszeit verkleidet man sich gern und trägt komische Hüte. …

> Zu Ostern …

> Zu Weihnachten …

Grammatik auf einen Blick

Datum

Ich bin am 8. Juli geboren.
Felix ist am 11. Januar geboren.
Tanja hat am 22. Mai Geburtstag.

1	am **ersten**
2	am zwei**ten**
3	am **dritten**
4 – 19	am vier**ten**, …
20 – …	am zwanzig**sten** …

Das Verb *werden* (1)

Wie alt wirst du dieses Jahr?
Ich werde dieses Jahr 15.

	werden
ich	werde
du	w**i**rst
er, es, sie	w**i**rd
wir	werden
ihr	werdet
sie, Sie	werden

w**i**rst, w**i**rd

Mit dem Verb *werden* drückst du Veränderungen aus. Diese Veränderungen liegen meistens in der Zukunft.

Das Modalverb *sollen*

Sollen wir etwas zu trinken mitbringen?
Wen soll ich einladen?

	sollen
ich	**soll**
du	sollst
er, es, sie	**soll**
wir	sollen
ihr	sollt
sie, Sie	sollen

Wen soll ich einladen? Soll ich Dominik einladen?	sollen: Rat
Steffi soll ihre Gitarre mitbringen. Tanjas Freunde sollen pünktlich sein.	sollen: Wunsch einer anderen Person

Welche Formen sind gleich? Erinnerst du dich?

Bei den Modalverben sind die Formen bei _____ und _____ gleich.

Wie heißen die Sätze in deiner Sprache?

Imperativ (3)

Bring bitte deine Gitarre mit! Lad Dominik ein!
Kommt einfach vorbei! Seid bitte pünktlich!

Infinitiv	Imperativ Singular	Imperativ Plural
kommen	Komm!	Kommt!
nehmen	Nimm!	Nehmt!
mitbringen	Bring mit!	Bringt mit!
einladen	Lad ein!	Ladet ein!

Der Imperativ Plural hat kein
Personalpronomen
2. Person Plural: ~~ihr~~ zeigt →
    Imperativ: Zeigt!

Das Fragewort *wen*

Wer hat Geburtstag?
Tanja.
Wen soll ich einladen? Dominik?
Ja, lad ihn ein!

Mit dem Fragewort *wen* fragst du
nach Personen im _____ .
Es erinnert an den bestimmten
Artikel: *den* (Akkusativ maskulin)!

Die Präposition *für*

Für wen ist das Geschenk? Für meinen Bruder?
Ja, für ihn.

Die Präposition *für* steht immer mit
☐ Dativ.
☐ Akkusativ.

Personalpronomen (6)

Wir haben ein Geschenk für dich.
Für mich?
Ich habe auch etwas für euch.
Für uns?

Nominativ	ich	du	er	es	sie	wir	ihr	sie	Sie
Akkusativ	mich	dich	ihn	es	sie	uns	euch	sie	Sie

*Welche Formen
sind im Nominativ
und im Akkusativ
gleich?*

Verbindung von Hauptsätzen mit *sondern*

Das Geschenk ist nicht für dich, **sondern** für Felix.
Der Gruppenleiter nennt nicht Zahlen,
sondern Augenfarbe, Sockenfarbe, Schuhgröße, T-Shirt …

Mit *sondern* drückst du einen
Gegensatz aus. Es steht nur nach
einer Negation.

Wortschatz: Das ist neu!

der Januar (Singular)

der Februar (Singular)

der März (Singular)

der April (Singular)

der Mai (Singular)

der Juni (Singular)

der Juli (Singular)

der August (Singular)

der September (Singular)

der Oktober (Singular)

der November (Singular)

der Dezember (Singular)

das Sternzeichen, -
Welches Sternzeichen bist du?

der Geburtstag, -e
Alles Gute zum Geburtstag!

das Geburtstagskind, -er

werden

die Einladung, -en

einladen (er lädt ein)
Ich lade alle meine Freunde ein.

wen?

pünktlich
Seid bitte pünktlich!

feiern
Wie feierst du deinen Geburtstag?

vorbereiten (er bereitet vor)

mieten
Ich miete einen Raum.

das Lokal, -e

der Nachbar, -n

der Partygast, ⁼e

sich freuen (er freut sich)

vorbeikommen (er kommt vorbei)

schenken

das Geschenk, -e

mitbringen (er bringt mit)
Bring bitte etwas zu essen mit!

sollen
Soll ich etwas mitbringen?

die Laune (Singular)
gute Laune

backen
Ich backe einen Kuchen.

tanzen

sich ausdenken (er denkt sich aus)

bilden
Gruppen bilden

die Reihe, -n
Sie ist an der Reihe.

flüstern
etwas ins Ohr flüstern

der Eimer, –

füllen
einen Eimer mit Wasser füllen

leer

voll

untergehen (er geht unter)
Das Glas geht unter.

anderer, anderes, andere
andere Leute

gerade
Er ist gerade nicht da.

herzlich

laut

der Pferdehof, ⁼e

die Praline, -n

regnen

Lektion 18

Wohin in Urlaub?

A Urlaubsziele

Hören ▶ 42

1 **Richtig (R) oder falsch (F)? Hör zu und kreuze an.**

	R	F
Oliver und Florian möchten in Urlaub fahren.	☐	☐
In Tunesien ist es zu heiß.	☐	☐
Florian findet den Bodensee langweilig.	☐	☐
Der Vater von Oliver und Florian findet Sylt zu teuer.	☐	☐
Der Vater möchte dieses Jahr nicht in Urlaub fahren.	☐	☐

Grammatik

2 **Wohin möchtest du gern einmal fahren / fliegen? Kreuze an.**

☐ nach Deutschland	☐ in die USA	☐ nach New York
☐ nach England	☐ in die Türkei	☐ nach Stockholm
☐ nach Spanien	☐ in die Bretagne	☐ nach Berlin
☐ nach …	☐ in …	☐ nach …
☐ ans Meer	☐ nach Sylt	☐ ins Gebirge
☐ an die Adria	☐ nach Kreta	☐ in die Alpen
☐ an den Bodensee	☐ nach Kuba	☐ in die Dolomiten
☐ an …	☐ nach …	☐ in …

Sprechen

3 **Fragt und antwortet.**

Wohin möchtest du nächsten Sommer fahren? → Ich möchte ans Meer fahren.
Und du? Wohin möchtest du fahren? → Ich möchte …

Sprechen

4 **Bildet Dialoge wie im Beispiel.**

Möchtest du gern an die Adria fahren?

An die Adria? Natürlich möchte ich gern an die Adria fahren!

Nein. Ich möchte lieber in die Dolomiten fahren. Die Adria ist zu langweilig.

Wohin?

→ nach / in + …
→ an + …

langweilig • teuer • heiß • schmutzig • anstrengend • laut

Wortschatz

5 **Was kann man wo machen? Ordne zu.**

1. Ostsee
2. Alpen
3. Kreta
4. Kalifornien
5. Berlin
6. Bodensee
7. Donau

sich sonnen • surfen • baden • mit dem Schiff fahren • Sehenswürdigkeiten anschauen • einen Sprachkurs machen • wandern • eine Radtour machen

Grammatik

6 **Fragt und antwortet wie im Beispiel.**

● Warum fährst du ans Meer?
○ Weil ich baden will.

7 Familie Weigel fährt in die Ferien.
Was passt zusammen? Ordne zu.

1. ☐ Tina hat keine Lust, mit ihren Eltern in die Ferien zu fahren.
2. ☐ Nach zwanzig Minuten hat sich der Stau aufgelöst. Die Fahrt geht weiter.
3. ☐ Familie Weigel fährt in die Ferien. Sie fahren dieses Jahr nach Bayern.
4. ☐ Frau Fröhlich begrüßt Familie Weigel. Dann zeigt sie ihr die Ferienwohnung.
5. ☐ Endlich sind sie da! Familie Weigel macht Urlaub auf einem Bauernhof.
6. ☐ Nach einer Stunde sind sie im Stau. Am ersten Ferientag sind viele Leute unterwegs.

Schreiben

8 Bring die Texte in die richtige Reihenfolge. Beantworte dann die Fragen.

Familie Weigel fährt in die Ferien. Sie fahren dieses Jahr nach Bayern.

_____

_____

_____

1. Wohin fährt Familie Weigel in Urlaub?
2. Freut sich Tina auf den Urlaub?
3. Was passiert auf der Autobahn?
4. Warum sind viele Leute unterwegs?
5. Wo macht Familie Weigel Urlaub?

AB
1–6

B Urlaubspläne

„ Ich fahre dieses Jahr nach Spanien, nach Benidorm. Wir machen Urlaub in einem Feriendorf. In einem Feriendorf ist immer viel los: Man treibt Sport und es gibt viele Aktivitäten. Und am Abend organisieren die Animateure tolle Strandpartys und Discoabende. Natürlich kann man auch Ausflüge machen. "

Nicole

„ Ich mache eine Sprachreise nach England. Ich fliege nach London und besuche einen Englischkurs. Unsere Englischlehrerin organisiert alles. Wir wohnen in einem Studentenwohnheim. Dort kann man viele Leute aus anderen Ländern kennen lernen. So sprechen wir immer Englisch. Wir bleiben zwei Wochen da. "

Achim

„ Wir fahren ins Gebirge, nach Tirol. Leider! Ich finde Urlaub im Gebirge langweilig. Im Hotel sind nur ältere Leute. Mein Vater mag Wanderungen, aber ich hasse sie! Und im Gebirge ist das Wetter nicht immer schön. regnet oft. Ich möchte lieber ans Meer fahren! "

Lisa

„ Wir haben ein Wohnmobil und fahren dieses Jahr nach Italien. Wir machen eine tolle Tour: Florenz, Rom, Neapel und die Küste von Amalfi … Ich finde Urlaub mit dem Wohnmobil praktisch und sehr lustig. Man braucht nicht zu buchen oder zu reservieren. "

Felix

„ Wir bleiben dieses Jahr zu Hause. Wir machen keinen Urlaub. Mein Vater hat im Büro viel zu tun. Ich gehe also ins Schwimmbad, ich spiele mit meinen Freunden Fußball oder Computerspiele … Aber wir fahren in den Weihnachtsferien nach Garmisch. Ich freue mich schon auf den Skiurlaub. "

Dominik

Lesen

9 **Wer sagt was? Ergänze die Namen.**

1. Ich lerne im Urlaub Englisch.
   _____

2. Wir machen Urlaub zu Hause.
   _____

3. Ich finde Urlaub in einem Feriendorf super!
   _____

4. Es ist sehr lustig, mit dem Wohnmobil wegzufahren.
   _____

5. Wir fahren leider ins Gebirge.
   _____

6. Ich freue mich auf die Reise nach Italien.
   _____

7. Ich möchte so gern ans Meer fahren.
   _____

8. Wir machen erst im Winter Urlaub.
   _____

9. Wir fahren nach Spanien.
   *Nicole*_____

10. Ich habe keine Lust zu wandern.
    _____

10 **Fragt und antwortet wie im Beispiel.**

● Was sagt Nicole?
○ Sie sagt, dass sie nach Spanien fahren.

> **Nebensatz mit *dass***
> Er sagt, dass er in die Türkei **fährt**.

11 **Weißt du, dass …? Bildet Minidialoge.**

> **Verben im Präsens**
>
> | | wissen |
> |---|---|
> | ich | weiß |
> | du | weißt |

● Weißt du, dass Nicole nach Spanien fährt?
○ Ja, und ich weiß auch, dass sie Urlaub in einem Feriendorf macht.

Übt weiter mit:

Achim, nach England fliegen, einen Englischkurs besuchen
Lisa, Urlaub in Tirol machen, lieber ans Meer fahren
Felix, ein Wohnmobil haben, eine tolle Tour machen
Dominik, zu Hause bleiben, Urlaub im Winter machen

12 **Wohin fahrt ihr in Urlaub? Macht eine Umfrage in der Klasse und berichtet.**

ans Meer	
an die Ostsee	*Elena, Silvia*
ins Gebirge	
in die Schweiz	
an den Bodensee	
nach Paris	
nach Österreich	*Lukas*
in die USA	
…	

Lukas sagt, dass er nach Österreich fährt.

Elena und Silvia sagen, dass sie an die Ostsee fahren.

18

13 Interviews. Hör zu und notiere die Informationen in der Tabelle.

	Herr Schneider	Frau Hoffmann	Michael
Wohin?			
Wann?			
Wie lange?			
Mit wem?			
Was?			

Sprechen

14 Wie sieht dein Urlaub aus? Zieh eine Karte und berichte.

Wohin?	Wengen, Schweiz
Wann?	Dezember
Wie lange?	1 Woche
Mit wem?	Papa, Mama
Wo?	Parkhotel
Was?	Ski fahren

Wohin?	Garmisch, Bayern
Wann ?	Juli
Wie lange?	10 Tage
Mit wem?	Tante Emma
Wo?	Pension Alpenblick
Was?	Wanderungen

Wohin?	Meer, Korfu
Wann ?	August
Wie lange?	zwei Wochen
Mit wem?	Freunde
Wo?	Hotel Miramare
Was?	baden, schwimmen

Wohin?	Bodensee
Wann ?	Juni
Wie lange?	1 Woche
Mit wem?	Mario und Lisa
Wo?	bei Freunden
Was?	surfen, Rad fahren

Wohin?	Wien
Wann ?	August
Wie lange?	3 Wochen
Mit wem?	Sandra
Wo?	bei Familie Bauer
Was?	Deutschkurs

Wohin?	Istanbul
Wann?	September
Wie lange?	vier Tage
Mit wem?	Papa, Mama, Ina
Wo?	Hotel Divan
Was?	Sehenswürdigkeiten anschauen

Ich fahre im Dezember nach Wengen. Das liegt in der Schweiz. Ich bleibe eine Woche da. Ich fahre mit Papa und Mama. Wir wohnen im Parkhotel. Ich will Ski fahren.

Im Juli fahre ich nach Garmisch.

C Wie war das Wetter?

15 **Hör zu und sprich nach.**

Es regnet. Es ist sonnig. Es ist bewölkt.

heiß

warm

kühl

kalt

Es schneit. Es ist windig. Es ist neblig.

Sprechen

16 **Das Wetter und die Jahreszeiten. Fragt und antwortet wie im Beispiel.**

● Wie ist das Wetter im Winter? ○ Im Winter ist es kalt und es schneit.

Temporal-angaben
im Herbst

Herbst Winter Frühling Sommer

Sprechen

17 **Bildet Minidialoge.**

Wer?	Nicole	Achim	Lisa	Felix	Dominik
Wo?	am Meer, Spanien	England, London	im Gebirge, Tirol	Italien, Florenz, Rom	Bayern, Garmisch
Wetter?	heiß, Sonne	nicht sehr warm, Regen	kühl, Regen	heiß, Sonne	kalt, Schnee

Wo?
⊙ in + …
○ an + …

a ● Wo war Nicole im Sommer?
　 ○ Sie war am Meer, in Spanien.
　 ● Und wie war das Wetter?
　 ○ Sehr schön! Es war heiß und sonnig.

b ● Wo hat es geregnet?
　 ○ In London und in Tirol.
　 ● Und wer war dort?
　 ○ Achim war in London, Lisa war in Tirol.

18 **Bildet Minidialoge.**

Steffi, wo warst du hier?

Ich war in Italien, an der Adria.

Wann war das?

Das war im Sommer 2012.

Was hast du gemacht?

Ich habe gebadet und in der Sonne gelegen.

Wie war das Wetter?

Es war sehr heiß: jeden Tag 30°.

Übt weiter mit:

am Bodensee / August 2013 / warm, sonnig, ab und zu Regen / Radtouren machen
im Gebirge / Januar 2010 / kalt, Schnee / Skikurs besuchen
am Meer / Sommer 2012 / schlechtes Wetter, jeden Tag Regen / im Hotel bleiben
in der Schweiz / Frühling 2009 / nicht sehr kalt, windig / Freunde in Luzern besuchen
in Leipzig / September 2011 / warm, sonnig / Stadt besichtigen

19 **Lies den Text und ergänze dann die Sätze.**

Das Wetter und die Deutschen

Nicht jeder Tag ist gleich. Manchmal fühlt man sich super, an anderen Tagen aber geht gar nichts. Das kann viele Gründe haben. Vielleicht hat man zu wenig geschlafen, etwas Falsches gegessen, man ist krank oder man hat Liebeskummer. Schuld kann aber auch das Wetter sein. Das Magazin *stern* hat eine Umfrage gemacht. Das Resultat: Drei von vier Deutschen sind wetterfühlig. Das heißt, 75 Prozent aller Deutschen fühlen sich je nach Wetter gut oder schlecht. Manchmal ist das ein richtiges Problem. Der lange Winter im Jahr 2012 / 2013 war zum Beispiel für viele Menschen sehr problematisch. Sie hatten schlechte Laune und keine Lust zu arbeiten oder Freunde zu treffen. Experten wissen: Da fehlt die Sonne! Licht und Wärme bringen nämlich dem Körper Energie und fördern die gute Laune. Im Frühling geht es deshalb vielen Deutschen besser. Die Temperaturen liegen nicht mehr unter Null, sondern bei 10 bis 15 Grad. Für einige Stunden am Tag zeigt sich auch die Sonne. Die ersten Blumen blühen und die Vögel singen. Das macht gute Laune. Und die meisten Menschen werden aktiv: sie skaten im Park, joggen oder essen das erste Eis in der Frühlingssonne.

[wetterfühlig • Wärme • aktiv • wohl • Lust • schuld • Laune • Frühling • Sonne]

1. An manchen Tagen fühlt man sich gar nicht _____.

2. Das Wetter kann an dieser Situation _____ sein.

3. 75 % der Deutschen sind _____.

4. Die Menschen haben schlechte _____ und keine _____ zu arbeiten.

5. Der Mensch braucht Licht und _____.

6. Im _____ geht es den Menschen viel besser.

7. Die Menschen werden _____, treiben Sport und sitzen in der _____.

Sprechen

20 Beantworte die Fragen und sprich mit deinem Partner / deiner Partnerin.

1. Bist du wetterfühlig?
2. Wirkt sich schlechtes Wetter auf dich aus?
3. Welches Wetter magst du nicht? Warum?
4. In welcher Jahreszeit fühlst du dich gut?
5. Kennst du Menschen, die sehr wetterfühlig sind?

[**Phonetik**]

a Hör zu und sprich beim zweiten Mal nach. ▶ 45

b Welche Vokale klingen gleich? Hör zu und ergänze die Tabelle. ▶ 46

[<u>Au</u>to • <u>eu</u>ch • M<u>ai</u> • L<u>au</u>ne • H<u>äu</u>ser • kl<u>ei</u>n]

Auto		au	
	klein		= ei
			=

c Frag deinen Partner / deine Partnerin.
Wo machst du gern Urlaub: in der Schweiz, in Österreich oder in Deutschland?
Fährst du lieber im Mai oder im August?

AB
18–25

Grammatik auf einen Blick

Das Fragewort *wohin* und die Präpositionen *nach, in, an*

Wohin fährst du in Urlaub?

Ich fahre	nach Spanien.
	nach Wien.
	nach Kuba.

Ich fahre	in die Schweiz.
	in die Bretagne.
	ins Gebirge.
	in die Dolomiten.
Ich fliege	in die USA.

Ich fahre	ans Meer.
	an die Adria.
	an den Bodensee.

> Wohin? →○
> **nach / in + _____**
> nach Spanien (Land)
> nach Wien (Stadt)
> Aber:
> in die Schweiz (Land mit Artikel)
> in die USA (Land im Plural)
> in die Bretagne (Region mit Artikel)
> in die Dolomiten (Gebirge)
> ins Gebirge

> Wohin? →○
> **an + _____**
> an die Adria (Küste)
> an den Bodensee (See)
> ans Meer

Nebensatz mit *dass*

Weißt du, dass Nicole nach Spanien fährt?
Nicole sagt, dass sie Urlaub in einem Feriendorf super findet.

			konjugiertes Verb
Nicole sagt,	dass	sie Urlaub super	findet.

> *Wo steht das Verb im Nebensatz?*

Im Nebensatz mit dass steht das konjugierte Verb _____ .
Im Hauptsatz stehen oft diese Verben: sagen, denken, finden …

Das Verb *wissen*

Weißt du, dass Nicole nach Spanien fährt?

Ja, und ich weiß auch, dass sie in ein Feriendorf geht.

	wissen
ich	**weiß**
du	weißt
er, es, sie	**weiß**
wir	wissen
ihr	wisst
sie, Sie	wissen

Welche Formen sind gleich?

Beim Verb *wissen* sind die Formen bei _____ und _____ gleich (wie bei den Modalverben). Es hat dort keine Endung.

Das Fragewort *wo* und die Präpositionen *in* und *an*

Wo warst du in Urlaub?

Ich war	in Spanien
	in Wien.
	in Kuba.

Ich war	in der Schweiz.
	in der Bretagne.
	im Gebirge.
	in den Dolomiten.
	in den USA.

Ich war	am Meer.
	an der Adria.
	am Bodensee.
	am Meer.

Wo? ⊙

in + _____

in Spanien (Land)
in Wien (Stadt)
in der Schweiz (Land mit Artikel)
in den USA (Land im Plural)
in der Bretagne (Region mit Artikel)
in den Dolomiten (Gebirge)
im Gebirge

Wo? ○•

an + _____

an der Adria
am Bodensee

Temporalangaben mit *im*

Wie ist das Wetter im Winter?

Ich fahre im Dezember nach Kitzbühel.

um	an (an dem)	im (in dem)
Uhrzeit	Wochentage/ Tageszeit	Monate/ Jahreszeiten
um 18.30 Uhr	am Montag, … am Nachmittag, …	im Januar, im Juli, … im Sommer, …

Lern die Temporalangaben immer mit der richtigen Präposition und dem Artikel.

Wortschatz: Das ist neu!

der Urlaub, -e
Wohin fahren wir in Urlaub?

die Ferien (Plural)

die Weihnachtsferien (Plural)

der Ausflug, ⁻e

die Tour, -en
Wir machen eine tolle Tour mit dem Wohnmobil.

die Fahrt, -en

wegfahren (er fährt weg)

nach

die Autobahn, -en

das Wohnmobil, -e

der Stau, -s
Wir stehen im Stau.

das Schiff, -e

fliegen

der Bauernhof, ⁻e
Wir machen Urlaub auf dem Bauernhof.

das Feriendorf, ⁻er
In einem Feriendorf ist immer etwas los.

die Aktivität, -en

der Animateur, -e
Die Animateure organisieren viele Aktivitäten.

die Animateurin, -nen

der Discoabend, -e

das Meer, -e
Wir fahren ans Meer.

der Skiurlaub, -e

sich freuen (er freut sich)
Ich freue mich auf den Skiurlaub.

die Sprachreise, -n
Ich mache eine Sprachreise nach London.

das Studentenwohnheim, -e

wandern

die Wanderung, -en

anstrengend

hassen
Ich hasse Wanderungen.

die Lust (Singular)
Ich habe keine Lust, nach Spanien zu fahren.

anschauen (er schaut an)

baden

besichtigen

die Sehenswürdigkeit, -en

buchen
Hast du die Sprachreise schon gebucht?

organisieren

reservieren
Hast du schon reserviert?

begrüßen

fehlen

sich wohlfühlen (er fühlt sich wohl)

dass
Ich weiß, dass du im Sommer nach Griechenland fährst.

der Grund, ⁻e

schmutzig

schuld

die Jahreszeit, -en

der Frühling, -e

das Wetter (Singular)

wetterfühlig

bewölkt
Es ist bewölkt.

heiß
Es ist heiß.

neblig
Es ist neblig.

windig

der Regen (Singular)

regnen
Es regnet.

sonnig
Es ist sonnig.

der Schnee (Singular)

schneien
Es schneit.

die Temperatur, -en

kalt
Es ist kalt.

kühl
Es ist kühl.

die Wärme (Singular)

warm
Es ist schön warm.

Zwischenstation 9

Urlaubsland Deutschland

Lesen

1 **München stellt sich vor. Was passt zusammen? Lies und ordne zu.**

☐ 1. Der Marienplatz mit dem neuen Rathaus ist das Wahrzeichen der Stadt. Die Hauptattraktion ist das Glockenspiel. Es läutet jeden Tag um 11 und um 12 Uhr, im Sommer auch um 17 Uhr.

☐ 2. New York hat den Central Park, London den Hyde Park und München den Englischen Garten. Er ist der größte Park der Stadt. Aber es gibt viele andere Parks, denn München ist eine grüne Stadt.

☐ 3. In München gibt es viele Museen. Das Deutsche Museum ist das größte technische Museum der Welt. Zu den Hauptattraktionen gehören die Luft- und Schifffahrtshallen sowie die Eisenbahnabteilung.

☐ 4. Die Allianz-Arena ist das neue Münchner Fußballstadion. Hier spielt der FC Bayern, und zwar seit Mai 2005. Die Allianz-Arena bietet 66.000 Zuschauern Platz. Früher hat FC Bayern im Olympia-Stadion gespielt.

☐ 5. Die Frauenkirche ist die größte Kirche der Stadt. Die zwei Türme mit ihrer typischen Form (Zwiebeltürme genannt) sind nicht genau, aber fast gleich hoch: knapp 99 Meter.

☐ 6. In München findet das Oktoberfest statt. Jedes Jahr besuchen über 6 Millionen Leute das größte Volksfest der Welt. Viele davon in traditionell bayerischer Kleidung (Lederhose oder Dirndl).

Lesen

2 **Beantworte die Fragen.**

1. Wie hoch sind die Türme der Frauenkirche?
2. Wie viele Leute besuchen jedes Jahr das Oktoberfest?
3. Seit wann spielt der FC Bayern in der Allianz-Arena?
4. Was ist das Deutsche Museum?
5. Warum sieht man jeden Tag um 11 und 12 Uhr viele Touristen am Marienplatz?
6. Wie heißt der größte Park Münchens?

3 **Ein Wochenende in München. Mach Notizen und sprich mit deinem Partner / deiner Partnerin.**

Situation: Ihr habt die Informationen über München gelesen und möchtet die Stadt besuchen. Was interessiert euch, was interessiert euch nicht? Warum?

+

Allianz-Arena
Shopping

Oh, München ist echt eine tolle Stadt! Was möchtest du dort gern machen?

Also, ich möchte die Allianz-Arena sehen – das ist klar! Und dann …

–

Frauenkirche

Hören ▶ 47

4 **Gern in München? Hör zu und ergänze die Tabelle.**

Angaben zur Person			
Seit wann in München?			
Gern in München?			
Warum?			
Wahrzeichen der Stadt			

5 **Richtig (R) oder falsch (F)? Lies und kreuze an.**

Willkommen zum Oktoberfest!

Jedes Jahr beginnt Ende September in München das Oktoberfest. Alle kennen das größte Volksfest der Welt. Millionen Gäste von überall her fahren jedes Jahr nach München, um zusammen mit den Bayern zu feiern. Das Oktoberfest beginnt

mit einer alten Tradition: Der Bürgermeister der Stadt sticht das erste Fass an und sagt "O'zapft is".

Traditionell ist auch der festliche Umzug, mit dem das Oktoberfest beginnt. Kapellen und Bayern in Trachten, der typischen Kleidung, laufen über die Straßen Münchens. Zum Oktoberfest kommen über 6 Millionen Besucher aus dem In- und Ausland.

Ein Liter Bier – bayerisch: eine Maß – kostet 2014 ca. 10 Euro.

Das Oktoberfest hat eine lange Tradition: dieses Fest gibt es seit 1810.

	R	F
1. Das Oktoberfest findet im Oktober statt.	☐	☐
2. Nur Touristen und Ausländer gehen auf das Oktoberfest.	☐	☐
3. Der Bürgermeister Münchens ist nicht immer dabei.	☐	☐
4. Das Oktoberfest beginnt mit einem traditionellen Umzug.	☐	☐
5. Auf dem Oktoberfest sieht man Leute in der traditionellen bayerischen Kleidung.	☐	☐
6. Eine Maß ist ein Liter Bier.	☐	☐
7. Das Oktoberfest hat eine sehr lange Tradition.	☐	☐

Schreiben

6 **Du schreibst eine E- Mail an deinen Freund / deine Freundin in München und stellst darin deine Stadt vor. Beantworte die Fragen.**

Wie heißt deine Stadt und wo liegt sie?
Welche Sehenswürdigkeiten gibt es?
Was kann man in der Freizeit machen?

Was sind deine Lieblingsplätze?
Was magst du an deiner Stadt nicht?

Liebe(r) _____ ,
heute möchte ich dir meine Stadt vorstellen. _____
_____
_____
_____
_____
_____

7 **Urlaubspläne. Richtig (R) oder falsch (F)? Hör zu und kreuze an.**

Fit

		R	F
1.	Frau Becker möchte schon nächste Woche in den Urlaub fahren.	☐	☐
2.	Frau Becker möchte gern nach Tunesien fahren.	☐	☐
3.	Herr Becker mag keinen Badeurlaub.	☐	☐
4.	Herr Becker findet einen Urlaub an der Adria nicht schlecht.	☐	☐
5.	Das Hotel Mercury kostet 45 Euro pro Tag und Person.	☐	☐
6.	Herr und Frau Becker bleiben im Juni zwei Wochen am Meer.	☐	☐

Sprechen

8 **Ferien: Nach Informationen fragen.**
Übt zu zweit: Zieht eine Karte, fragt und antwortet wie im Beispiel.

Fit

Thema: Ferien

Wohin …?

Thema: Ferien

Was …?

Thema: Ferien

Wie oft …?

Thema: Ferien

Mit wem …?

Thema: Ferien

Wer …?

Thema: Ferien

Wie …?

Ich war mit meiner Familie zwei Wochen in einem Hotel in Bremen.

Was hast du in deinen Sommerferien gemacht?

9 **Wandern im Schwarzwald. Lies die Anzeige und kreuze an.**

MEHR ALS 24.000 KM WANDERWEGE

BERGWELT SCHWARZWALD –

DAS WANDERPARADIES

Die Wanderung beginnt am 6. August um 7 Uhr in der Stadt Waldkirch.

Die Wanderung
• dauert 5 Tage,
• ist 108 km lang,
• kostet 43 € pro Person / Tag.

Gute Fitness ist wichtig für die Wanderung!

Entdecke die Natur im Süden Deutschlands ganz aktiv! Wir organisieren Wanderreisen für Schulklassen oder Familien in den Schwarzwald.

Teilnehmer bekommen 4 Übernachtungen in gemütlichen Berghotels, Frühstück und Abendessen sowie ein traditionelles Essen mit einem Stück Schwarzwälder Kirschtorte.

Wir bitten alle Wanderfreunde, dass sie folgende Dinge mitbringen:
• einen großen Rucksack,
• Kleidung für warmes, kaltes und Regenwetter,
• Obst und Müsliriegel für die Pausen.

Anmeldungen unter: www.schwarzwald-wandern.de

1. Wandern können
   a ☐ aktive Schüler und Familien.
   b ☐ sportliche Gruppen ab 43 Personen.
   c ☐ Jugendliche aus Süddeutschland.

2. Für die Reise braucht man
   a ☐ ein Busticket.
   b ☐ eine gute Jacke für Regenwetter.
   c ☐ Essen für das Frühstück.

3. Die Wanderung dauert
   a ☐ 108 km.
   b ☐ 7 Uhr.
   c ☐ fast eine Woche.

Landeskunde

Deutschland entdecken!

Deutschland ist kein Urlaubsland? Falsch gedacht! Das Wetter ist zwar nicht immer sonnig und es gibt keine Palmenstrände, aber Deutschland hat einige Attraktionen zu bieten: Im Süden des Landes, also in Bayern und Baden-Württemberg kann man Ausflüge in die tolle Natur machen. Auch in der Mitte Deutschlands kann der Tourist in einer hügeligen Landschaft mit schönen Wäldern wandern. Im Norden Deutschlands gibt

es mit Nord- und Ostsee gleich zwei Meere und daher viele Möglichkeiten für Wassersportarten. Es gibt also viele gute Gründe in Deutschland Urlaub zu machen.

Das wissen auch die Deutschen, ihr Lieblingsreiseziel ist Deutschland: Rund 340 Millionen Übernachtungen hat der Deutsche Tourismusverband 2013 gezählt.

Auch Städtereisen sind sehr beliebt, besonders bei ausländischen Touristen. 2013 haben allein in der deutschen Hauptstadt Berlin 27 Millionen Besucher übernachtet. Auch Hamburg, München oder Dresden sind mit ihren tollen Sehenswürdigkeiten immer eine Reise wert. Neben Reisen mit dem Auto, Zug oder Bus mögen die Touristen in Deutschland auch mehrtägige Ausflüge mit dem Fahrrad: Die am häufigsten gefahrenen Radwanderwege sind der Elbe-Radweg, der Ostseeküsten-Radweg und der Weser-Radweg.

Lesen

 Lies den Text und beantworte die Fragen.

1. Warum ist Deutschland ein interessantes Urlaubsland?
2. Wie viele Deutsche haben 2013 in ihrem Land Urlaub gemacht?
3. Was kann man im Norden Deutschlands in den Ferien machen?

Schreiben

Plant ein Konzept für eine Reise nach Deutschland. Präsentiert eure Ergebnisse auf einem Plakat.

Wohin geht die Reise? Was kann man dort machen? Warum soll man die Reise machen? Wer kann mitkommen? Wie teuer ist die Reise?

Lektion 19

Zukunftspläne

A Was willst du werden?

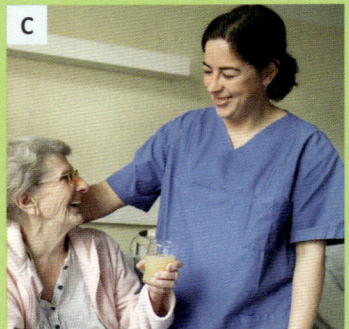

Wortschatz

1 **Was sind die Personen von Beruf? Ordne zu.**

1. ☐ Bäcker
2. ☐ Krankenschwester
3. ☐ Koch
4. ☐ Kellnerin
5. ☐ Programmierer
6. ☐ Mechaniker
7. ☐ Arzt
8. ☐ Polizistin
9. ☐ Angestellter
10. ☐ Lehrerin
11. ☐ Gärtner
12. ☐ Frisörin

Hören ▶ 49

2 **Zur Kontrolle: Hör zu und vergleiche.**

Sprechen

3 **Fragt und antwortet wie im Beispiel.**

● Was ist der Mann auf Bild E von Beruf?
○ Der Mann auf Bild E ist Mechaniker.

Hören ▶ 50

4 **Erkennst du den Beruf? Hör zu und ergänze.**

Situation 1 _____   Situation 4 _____
Situation 2 _____   Situation 5 _____
Situation 3 _____   Situation 6 _____

Hören ▶ 51

5 **Richtig (R) oder falsch (F)? Hör zu und kreuze an.**

	R	F
1. Die Kundin soll eine Frisur in einem Magazin anschauen.	☐	☐
2. Der Mann macht eine Soße.	☐	☐
3. Der Mann muss zu seinem Kollegen.	☐	☐
4. Der Patient hat starke Bauchschmerzen.	☐	☐
5. Der Gast möchte zahlen.	☐	☐
6. Der Drucker funktioniert nicht.	☐	☐

Sprechen

6 **Fragt und antwortet.**

Was willst du werden? → Ich will Managerin werden. Und du? Was willst du werden? → Ich will Deutschlehrer werden. Und du? Was willst du werden? → Ich will …

Was passt zusammen? Ordne zu.

Wer?	Was?	Wo?
Manager / Managerin	Autos reparieren	der Frisörsalon
Arzt / Ärztin	Musik machen	der Garten
Lehrer / Lehrerin	Patienten untersuchen	das Büro
Frisör / Frisörin	Blumen / Gemüse züchten	das Geschäft
Reiseleiter / Reiseleiterin	Haare schneiden	die Schule
Gärtner / Gärtnerin	Touristen betreuen	die Autowerkstatt
Straßenmusiker / Straßenmusikerin	eine Firma leiten	das Krankenhaus
Mechaniker / Mechanikerin	Waren verkaufen	das Restaurant
Verkäufer / Verkäuferin	Klassenarbeiten korrigieren	der Bus, das Hotel
Koch / Köchin	Speisen zubereiten	die Fußgängerzone

 Bildet Minidialoge wie im Beispiel.

9 **Ein Mann, der … / Eine Frau, die … Fragt und antwortet wie im Beispiel.**

● Was ist ein Arzt / eine Ärztin?

○ Ein Arzt ist **ein Mann, der** Patienten untersucht.
○ Eine Ärztin ist **eine Frau, die** Patienten untersucht.

Relativpronomen (Nominativ)

maskulin	neutral	feminin	Plural
der	das	die	die

AB 1 – 6

B Wenn ich groß bin …

> „ Wenn ich groß bin, möchte ich gern Polizist werden. Ich möchte gern Verbrechen aufklären und Kriminelle verhaften. Ich finde die Kommissare im Fernsehen cool, deshalb möchte ich das auch machen. Leider muss man auch am Wochenende und nachts arbeiten "
>
> Dominik

> „ Wenn ich groß bin, will ich um die Welt reisen, neue Kulturen und Länder kennen lernen. Deshalb möchte ich gern Reiseleiterin werden. Sprachkenntnisse sind für eine Reiseleiterin sehr wichtig. Der Nachteil ist, dass die Touristen manchmal zu viele Fragen stellen. "
>
> Lisa

Dominik — Lisa — Nicole — Felix — Achim

> „ Wenn ich groß bin, werde ich Manager. Ich will eine Firma leiten und viel Geld verdienen. Ich habe einen Onkel, der Manager ist. Er ist viel unterwegs: heute Frankfurt, morgen London, übermorgen Mailand. Er wohnt immer in sehr schönen Hotels und hat eine Limousine mit Chauffeur nur für sich. "
>
> Achim

> „ Wenn ich groß bin, möchte ich als Mathelehrerin an einem Gymnasium arbeiten. Mathe ist mein Lieblingsfach und ich bekomme immer gute Noten. Das ist kein leichter Job, denn oft passen die Schüler und Schülerinnen nicht auf, aber ein guter Lehrer kann sie motivieren. "
>
> Nicole

> „ Wenn ich groß bin, werde ich Tierarzt. Ich habe selbst Tiere zu Hause und bin sehr gern mit Tieren zusammen. Es gefällt mir, Tiere, die krank sind, wieder gesund zu machen. Nicht schön ist es, wenn man Tiere einschläfern muss, weil sie krank oder sehr alt sind. "
>
> Felix

Lesen

 Wer möchte was werden? Lies und ergänze.

Wer?	Was?	Warum?
Dominik		*Kommissare im Fernsehen cool finden*
Lisa		
Nicole		*Mathe mögen*
Felix		
Achim	*Manager*	

11 Bildet Minidialoge wie im Beispiel.

Nebensatz mit *wenn*
Wenn sie groß **ist**, **möchte**
sie Mathelehrerin werden.

Was möchte Nicole werden, wenn sie groß ist?

Wenn Nicole groß ist, möchte sie Mathelehrerin werden.

Und warum?

Weil sie Mathe mag.

12 Wie findest du die Berufe? Ordne zu.

Taxifahrer / Taxifahrerin	kreativ
Fabrikarbeiter / Fabrikarbeiterin	lustig
Manager / Managerin	spannend
Lehrer / Lehrerin	gut bezahlt
Formel-1-Fahrer / Formel-1-Fahrerin	interessant
Bankangestellter / Bankangestellte	anstrengend
Sänger / Sängerin	monoton
Model	uninteressant
Fußballspieler / Fußballspielerin	schlecht bezahlt
Frisör / Frisörin	gefährlich
Polizist / Polizistin	abwechslungsreich
	aufregend
	langweilig

13 Fragt und antwortet wie im Beispiel.

- ● Was möchtest du (nicht) werden, wenn du groß bist?
- ○ Wenn ich groß bin, möchte ich (nicht) Bankangestellter / Bankangestellte werden.
- ● Und warum?
- ○ Weil ich den Beruf (un)interessant finde.

14 Ich möchte … werden. Bildet Minidialoge.

Übt weiter mit:

Musiker / Musikerin, Konzerte geben
Reiseleiter / Reiseleiterin, die Welt sehen
Manager / Managerin, viel Geld verdienen
Lehrer / Lehrerin, gern mit Kindern arbeiten
Model, schöne Kleider tragen
Koch / Köchin, neue Rezepte ausprobieren

Ja, wenn du gern Verbrechen aufklären möchtest, ist das eine gute Idee.

Papa, ich möchte Polizist werden.

15 Beliebte Ausbildungsberufe. Was ist interessant? Schau dir die Statistik an und kommentiere sie. Diskutiert in der Klasse.

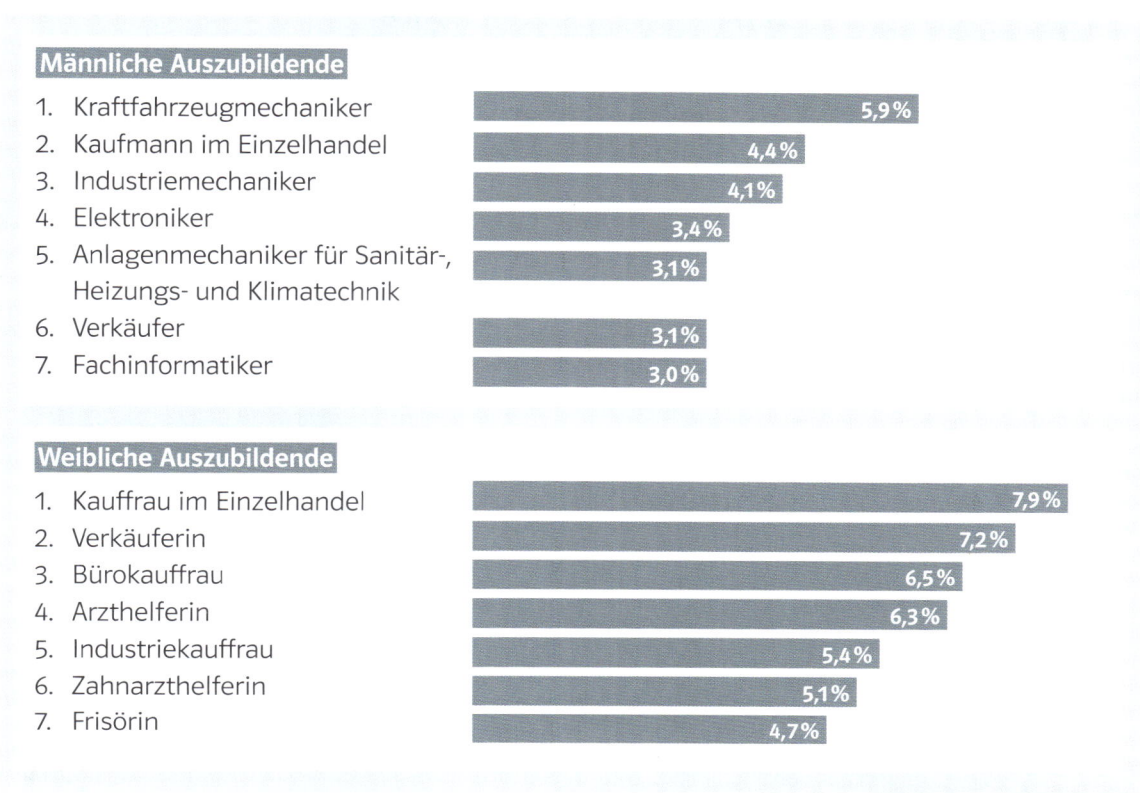

Männliche Auszubildende

1. Kraftfahrzeugmechaniker — 5,9%
2. Kaufmann im Einzelhandel — 4,4%
3. Industriemechaniker — 4,1%
4. Elektroniker — 3,4%
5. Anlagenmechaniker für Sanitär-, Heizungs- und Klimatechnik — 3,1%
6. Verkäufer — 3,1%
7. Fachinformatiker — 3,0%

Weibliche Auszubildende

1. Kauffrau im Einzelhandel — 7,9%
2. Verkäuferin — 7,2%
3. Bürokauffrau — 6,5%
4. Arzthelferin — 6,3%
5. Industriekauffrau — 5,4%
6. Zahnarzthelferin — 5,1%
7. Frisörin — 4,7%

Quelle: Statistisches Bundesamt 2012

Auch viele Mädchen wollen Kauffrau im Einzelhandel werden. Es ist sogar der beliebteste Beruf für Mädchen.

Die meisten Jungen wollen KFZ-Mechaniker werden.

Bei Jungen / Mädchen ist der Beruf _____ beliebt.

4,4 % der Jungen wollen Kaufmann im Einzelhandel werden.

C Schule – und dann?

16 Richtig (R) oder falsch (F)? Lies und kreuze an.

> „Ich interessiere mich sehr für die Umwelt, besonders Tiere mag ich sehr gern. Deshalb war es für mich klar, dass ich nach dem Abitur an einem ökologischen Projekt teilnehmen möchte. Im letzten Sommer habe ich in einer Robbenstation gearbeitet. Ich durfte den Pflegern helfen und die Tiere füttern und beobachten. Ich habe wirklich sehr viel Neues über Robben und Seehunde erfahren. Nächstes Jahr möchte ich in den Ferien wieder dort arbeiten und Touristen durch die Station führen. "
>
> Nina, 18 Jahre

> „Nach dem Abi hatten mein Freund Rico und ich einfach mal genug vom Lernen und dem geregelten Leben in der Schule. Deshalb haben wir unsere Rucksäcke gepackt und sind ein halbes Jahr kreuz und quer durch Europa gereist. Es war wirklich toll: Wir haben so viele fremde Länder gesehen, neue Freunde kennen gelernt und wirklich viel Spaß gehabt. Nach sechs Monaten hatten wir leider kein Geld mehr. Deshalb mussten wir wieder zurück nach Hause fahren. "
>
> Rico und Benjamin, 19 Jahre

> „Nach der Realschule wusste ich nicht so genau, was ich machen sollte. Deshalb habe ich erst einmal ein Praktikum gemacht. Ich wollte immer schon wissen, wie man Zeitungen macht. Deshalb habe ich drei Monate lang bei einer Zeitung gearbeitet. Ich konnte verschiedene Abteilungen kennen lernen und habe sehr viele interessante Dinge gelernt, besonders in der Marketing-Abteilung hat es mir sehr gut gefallen. Vielleicht mache ich ab Herbst eine Ausbildung zur Medienkauffrau. "
>
> Laura, 16 Jahre

	R	F
1. Nina interessiert sich sehr für Pflanzen.	☐	☐
2. Nächstes Jahr möchte sie Robben trainieren	☐	☐
3. Rico und Benjamin haben eine Reise durch Europa gemacht.	☐	☐
4. Nach einem halben Jahr hatten sie viel Geld verdient.	☐	☐
5. Nach der Schule hat Laura ein Praktikum gemacht.	☐	☐
6. Laura möchte gern Medienkauffrau werden.	☐	☐

19

Sprechen

17 **Was willst du nach der Schule machen? Fragt und antwortet.**

> Möchtest du eine Fremdsprache lernen?

> Ja, auf jeden Fall. Deshalb möchte ich nach der Schule ins Ausland.

Hauptsätze mit *deshalb*		
I	II	III
Deshalb	möchte	ich ins Ausland.

Übt weiter mit:

reisen – mit dem Zug durch ganz Europa fahren

sich engagieren – bei einem sozialen / ökologischen Projekt mitarbeiten

Geld verdienen – schnell einen Job finden

Karriere machen – sofort ein Studium / eine Ausbildung beginnen

Hören ▶ 52

18 **Meldungen im Radio. Was ist richtig? Hör zu und kreuze an.**

1. Nico hat ein Angebot
   - [ ] für einen Ferienjob.
   - [ ] für einen Urlaub.
   - [ ] für einen Sprachkurs.

2. Er sucht
   - [ ] Begleitpersonen.
   - [ ] Kinder zwischen 8 und 12 Jahren.
   - [ ] Italienischlehrer.

3. Wer Interesse hat, soll
   - [ ] anrufen.
   - [ ] eine E-Mail schicken.
   - [ ] vorbeikommen.

4. Katharina sucht Leute für
   - [ ] ein Konzert.
   - [ ] eine Sportveranstaltung.
   - [ ] einen Kongress.

5. Sie sucht
   - [ ] Jungen.
   - [ ] Mädchen.
   - [ ] Jungen und Mädchen.

6. Interessierte Personen sollen
   - [ ] bei der Organisation helfen.
   - [ ] Basketball spielen.
   - [ ] für die Mannschaften kochen.

Sprechen

19 **Hattest du schon einmal einen Ferienjob? Erzähl in der Klasse.**

a Hör zu und markiere die betonte Silbe. Was fällt dir auf? ▶ 53

Arzt – Ärztin – Ärztinnen

Patient – Patientin – Patientinnen

Fabrikarbeiter – Fabrikarbeiterin – Fabrikarbeiterinnen

b Hör zu, sprich nach und achte auf die Betonung. ▶ 54

c Was möchtest du später werden? Macht eine Klassenumfrage und präsentiert die Ergebnisse wie im Beispiel.

> *Drei Mädchen möchten Tierärztinnen werden.*

Landeskunde

Immer mehr haben Abi

Das Abitur wird immer mehr zum Standard in Deutschland. Wer nur neun oder zehn Jahre in der Schule war, hat kaum Chancen einen Job zu finden. Deshalb entscheiden sich immer mehr junge Leute, das Abitur zu machen. Je nach Bundesland macht man das Abitur nach 12 oder 13 Jahren. Ganz einfach ist es nicht, Abi zu machen. Besonders vor den Prüfungen muss man eine Menge lernen. Wenn die Schüler alle Arbeiten bestanden haben, ist die Freude groß. Viele Abiturienten machen Partys, lassen spezielle T-Shirts drucken und feiern das Ende der Schulzeit mit Eltern und Lehrern beim Abi-Ball. Oft gibt es auch eine selbst gemachte Abi-Zeitung, die alle Schüler kaufen können. Nach dem Abitur beginnen die Abiturienten entweder direkt mit dem Studium / der Ausbildung oder sie machen ein Jahr Pause.

In diesem Jahr reisen die Jugendlichen oft, engagieren sich bei einem Freiwilligendienst-Projekt oder sie arbeiten in einem Nebenjob. Mädchen gehen auch gern als Au-Pair ins Ausland. Dass immer mehr junge Menschen eine akademische Ausbildung wollen, hat aber auch negative Folgen: schon jetzt sind die meisten deutschen Universitäten überfüllt, es gibt zu wenige Professoren, zu wenige Bibliotheken und die Räume für Seminare sind meist zu klein. Die Zahl der Studienanfänger ist im Jahr 2013 auf 507.124 gestiegen. Im Rekordjahr 2011 waren es sogar 518.748 neue Studierende.

Lesen

 20 **Wie geht der Satz weiter? Lies und verbinde.**

1. Immer mehr junge Leute …

2. Man macht das Abitur …

3. Viele Abiturienten lassen …

4. Nach dem Abitur …

5. Da immer mehr junge Leute das Abitur machen …

6. Da immer mehr junge Leute studieren …

a arbeiten oder reisen einige Abiturienten für ein Jahr.

b machen das Abitur.

c sind die Universitäten überfüllt.

d nach 12 oder 3 Jahren.

e spezielle T-Shirts drucken.

f steigt die Zahl der Studienanfänger.

Grammatik auf einen Blick

Das Verb *werden* (2)

Was willst du werden?
Ich möchte Polizist werden.

Wie heißen die Sätze in deiner Sprache?

Mit *möchten / wollen* + *werden* drückst du Berufspläne aus.

Relativpronomen (1)

Ein Arzt ist **ein Mann, der** Patienten untersucht.
Eine Ärztin ist **eine Frau, die** Patienten untersucht.
Eine Schülerin ist **ein Mädchen, das** zur Schule geht.
Frisöre sind **Leute, die** Haare schneiden.

	maskulin	neutral	feminin	Plural
Nominativ	der	das	die	die

Wo steht das Verb?

Das Relativpronomen bezieht sich auf das Nomen vor dem Komma. Das konjugierte Verb im Relativsatz steht _____ .

Nebensatz mit *wenn*

Wenn ich groß bin, werde ich Managerin.
Was möchte Nicole werden, **wenn** sie groß ist?

Wenn du mutig bist, kannst du Polizist werden.
Wenn die Schüler das Abitur bestehen, feiern sie.

Hauptsatz	Nebensatz		
			konjugiertes Verb
Was möchte Nicole werden,	wenn	sie groß	ist?

Nebensatz		Hauptsatz	
	konjugiertes Verb	konjugiertes Verb	
Wenn ich groß	bin,	möchte	ich Lehrer werden.

Wo steht das Verb?

Im Nebensatz mit *wenn* steht das konjugierte Verb _____ .
Wenn der Nebensatz vorne steht, beginnt der Hauptsatz mit dem Verb.

wenn kann eine Bedingung ausdrücken:
Du möchtest Polizist werden?
Bedingung: Du bist mutig.

wenn kann auch temporal sein:
Wann gehst du zum Frisör?
Wenn meine Haare zu lang sind.

Verbindung von Hauptsätzen mit *deshalb*

Wir hatten kein Geld mehr.
Deshalb mussten wir nach Hause zurück.
Ich möchte eine Fremdsprache lernen.
Deshalb gehe ich nach der Schule ins Ausland.

	I	II	III
Ich möchte eine Fremd-sprache lernen.	**Deshalb**	gehe	ich ins Ausland.

Wo steht das Verb?

Deshalb leitet einen Hauptsatz ein und gibt einen Grund an. Im Satz mit *deshalb* steht das konjugierte Verb auf Position ___ .

Wortschatz: Das ist neu!

der Beruf, -e

der / die Angestellte, -n

der Arzthelfer, -

die Arzthelferin, -nen

der Bäcker, -

die Bäckerin, -nen

der / die Bankangestellte, -n

der Bürokaufmann, ̈er

die Bürokauffrau, -en

der Chauffeur, -e

die Chauffeurin, -nen

der Fabrikarbeiter, -

die Fabrikarbeiterin, -nen

der Formel-1-Fahrer, -

die Formel-1-Fahrerin, -nen

der Frisör, -e

die Frisörin, -nen

der Gärtner, -

die Gärtnerin, -nen

der Kellner, -

die Kellnerin, -nen

der Koch, ̈e

die Köchin, -nen

der Krankenpfleger, -

die Krankenschwester, -n

der Manager, -

die Managerin, -nen

der Mechaniker, -

die Mechanikerin, -nen

das Model, -s

der Programmierer, -

die Programmiererin, -nen

der Reiseleiter, -

die Reiseleiterin, -nen

der Straßenmusiker, -

die Straßenmusikerin, -nen

der Tierarzt, ̈e

die Tierärztin, -nen

der Verkäufer, -

die Verkäuferin, -nen

aufklären (er klärt auf)

betreuen

korrigieren
Der Lehrer korrigiert die Klassenarbeiten.

leiten

reparieren
Ein Automechaniker repariert Autos.

untersuchen

das Verbrechen, -

zubereiten (er bereitet zu)

züchten

abwechslungsreich

anstrengend

aufregend

gefährlich
Ein Polizist lebt gefährlich.

kreativ

monoton

spannend

die Realschule, -n

die Ausbildung, -en
Laura macht eine Ausbildung als Bankkauffrau.

der Job, -s

der Ferienjob, -s

das Praktikum, die Praktika

verdienen
Geld verdienen

das Projekt, -e

sich engagieren (er engagiert sich)

teilnehmen (er nimmt teil)
Ich nehme im Sommer an einem ökologischen Projekt teil.

die Umwelt (Singular)

die Robbe, -n

der Rucksack, ̈e

packen
Hast du den Rucksack schon gepackt?

die Firma, -en
Mein Vater arbeitet als Manager in einer Firma.

die Autowerkstatt, ̈en

der Frisörsalon, -s

die Frisur, -en

der Kunde, -n

die Kundin, -nen

das Krankenhaus, ̈er

der Patient, -en

die Patientin, -nen

die Begleitperson, -en

denn

deshalb
Ich möchte Köchin werden. Deshalb probiere ich viele Rezepte aus.

die Soße, -n

wenn
Wenn ich groß bin, werde ich Tierarzt.

fremd

leicht

übermorgen

der Nachteil, -e

die Zukunft (Singular)
Hast du Pläne für die Zukunft?

der Zukunftsplan, ̈e

Lektion 20

Erinnerungen

A Mein erster Schultag

Wo sind die Schülerinnen und Schüler?

Wie alt sind sie? Welche Klasse besuchen sie?

Was halten die Schülerinnen und Schüler in den Händen?

Kennst du das? Was weißt du darüber?

Sprechen

1 **Beschreib das Bild. Die Fragen können dir helfen.**

Lesen

2 **Lies den Text und bilde dann Sätze.**

Die Schultüte

Klar, dass die Erstklässer am ersten Schultag sehr aufgeregt sind. Deshalb versuchen die Eltern den ersten Kontakt mit dem Schulalltag zu versüßen, und zwar mit der so genannten Schultüte.

Das hat eine lange Tradition, die bis ins 19. Jahrhundert zurückgeht. Aber was kommt denn in eine Schultüte? Selbstverständlich dürfen süße Leckereien wie z. B. Bonbons, Schokolade und Kekse nicht fehlen. Doch in letzter Zeit hat sich etwas geändert, weil viele Eltern auf die Gesundheit ihrer Kinder achten. Man meidet also zuckerhaltige Süßigkeiten, die Karies verursachen. Aber eine Schultüte ohne Süßigkeiten ist undenkbar!

Was kommt also noch in die Schultüte? Schulsachen wie Schreib- und Buntstifte, ein Malbuch, ein Ticket fürs Kino oder den Zirkus, kleine Spielsachen …

Erstklässer	enthält	in der Schultüte	sehr aufgeregt.
Eltern	finden	eine gute Idee	Platz.
Die Schultüte	schenken	am ersten Schultag	viele Süßigkeiten.
Kleine Spielsachen	ist	ihren Kindern	eine Schultüte.
Ein Ticket fürs Kino	sind	natürlich	für die Schultüte.

Erstklässer sind am ersten Schultag sehr aufgeregt.

Lesen

3 **Wie war der erste Schultag? Lies und beantworte die Fragen.**

> „ Ich war natürlich sehr aufgeregt und hatte große Angst. Ich wollte nicht in der Schule bleiben, denn die anderen Mitschüler waren nicht so sympathisch. Zum Glück war die Lehrerin sehr nett. "   Larissa, 21

> „ Schon am ersten Schultag mussten wir ruhig sitzen und wir durften natürlich nicht sprechen. Das war natürlich sehr schwer, denn wir waren alle sehr lebhaft. Unsere Lehrerin war streng und nicht sehr sympathisch. Leider! "
>
> Herr Struck, 48

> „ Ich hatte am ersten Schultag Bauch-schmerzen. Ich wollte also zu Hause bleiben. Trotzdem hat mich meine Mutter in die Schule geschickt! Nach einer Stunde waren die Bauch-schmerzen weg und ich hatte schon viele Freunde und Freundinnen. "
>
> Frau Beller, 30

> „ Ich wollte unbedingt in die Schule gehen. Ich konnte schon ein biss-chen lesen und schreiben. Deshalb war ich sehr glück-lich und hatte um 13 Uhr kei-ne Lust, wieder nach Hause zu gehen. "   Damian, 16

1. Wer hatte am ersten Schultag Bauchschmerzen? _____

2. Wer musste schon am ersten Schultag ruhig sitzen. _____

3. Wer war am ersten Schultag sehr aufgeregt? _____

4. Wer hatte am ersten Schultag keine Lust, wieder nach Hause zu gehen?   *Damian* _____

5. Wer wollte am ersten Schultag nicht in der Schule bleiben. _____

6. Wer konnte am ersten Schultag schon lesen und schreiben? _____

7. Wer durfte schon am ersten Schultag nicht sprechen? _____

8. Wer wollte am ersten Schultag zu Hause bleiben? _____

4 **Fragt und antwortet.**

Verben im
Präteritum

	dürfen
ich	durfte
du	durftest
er, es, sie	durfte

● Warum hattest du Angst vor dem Lehrer?
○ Weil er sehr streng war.

Übt weiter mit:

nervös sein, Angst haben
in die Schule gehen wollen, neue Klassenkameraden kennen lernen wollen
in die Schule gehen wollen, schon schreiben können
nicht in die Schule gehen wollen, Bauchschmerzen haben
Bauchschmerzen haben, sehr aufgeregt sein
sitzen bleiben müssen, Lehrerin eine ruhige Klasse haben wollen
nicht sprechen dürfen, Lehrerin autoritär sein
Spaß haben, Schulkameraden sympathisch sein

Schreiben

5 **Wie war dein erster Schultag? Berichte.**

Das war mein erster Schultag.
Wie war das bei dir?

Warst du nervös und aufgeregt?

Hattest du Angst?

Wolltest du in die Schule gehen?

Wie war dein erster Lehrer /
deine erste Lehrerin?

Nach wie vielen Monaten konntest du
lesen und schreiben?

Was musstest du tun?

Was durftest du nicht tun?

Am ersten Schultag war ich sehr nervös.
_____
_____
_____
_____

AB
1 – 5

B Die Oma erzählt

Oma, wie war es damals, als du 14 warst? Durftest du z.B. abends weggehen?

Nein, … Mein Vater …

Ja, … Ich …

War dein Vater so streng?

Natürlich!

Und musstest du zu Hause helfen?

Hören ▶ 55

6 **Was antwortet Tanjas Oma? Richtig (R) oder falsch (F)? Hör zu und kreuze an.**

	R	F
Oma durfte abends nicht weggehen.	☐	☐
Ihre Mutter wollte es nicht.	☐	☐
Sie musste zu Hause bleiben.	☐	☐
Mit ihrem Vater konnte sie sich nicht richtig unterhalten.	☐	☐
Sie musste nie aufräumen.	☐	☐

Schreiben

7 **Omas Geschichte. Bilde Sätze und schreibe einen Text.**

1 Jahr	laufen können
18 Monate	sprechen können
6 Jahre	in die Schule gehen müssen
10 Jahre	aufs Gymnasium gehen wollen, aber nicht können
14 Jahre	zu Hause helfen müssen, abends nicht weggehen dürfen
16 Jahre	arbeiten gehen müssen
20 Jahre	einen Freund haben, heiraten wollen
25 Jahre	zwei Kinder haben
30 Jahre	eine große Reise machen wollen, nicht können, kein Geld haben
40 Jahre	sehr krank sein, zwei Monate im Krankenhaus bleiben müssen
57 Jahre	zwei Enkelkinder haben

Oma

Mit einem Jahr konnte die Oma schon laufen. Mit 18 Monaten …

8 **Fragt und antwortet wie im Beispiel.**

- Wie war es, als die Oma 16 Jahre alt war?
- ○ Als die Oma 16 Jahre alt war, musste sie arbeiten gehen.

9 **Als ich … Fragt und antwortet.**

Was [wolltest • musstest •
konntest • durftest] du machen, als du 10 Jahre alt warst?

Als ich 10 Jahre alt war, [wollte • musste •
konnte • durfte]
ich lange aufbleiben.
ich früh schlafen gehen.
ich schon gut Tennis spielen.
ich nachmittags mit meinen Freunden weggehen.

10 **Bildet weitere Sätze mit *als* wie in Übung 9:**

Nebensatz mit *als*
Als sie jung **war**, musste sie arbeiten gehen.

können	15 Monate	laufen
müssen	3 Jahre	den ganzen Nachmittag schlafen
wollen	5 Jahre	den ganzen Tag spielen
müssen	6 Jahre	in die Schule gehen
dürfen	9 Jahre	bis 22 Uhr aufbleiben
nicht dürfen	10 Jahre	allein weggehen
können	12 Jahre	Gitarre spielen, Ski fahren, Englisch sprechen
wollen	13 Jahre	nach London fahren

11 **Deine persönliche Geschichte. Erzähl, was du mit zwei, drei, … Jahren machen konntest, wolltest, musstest, (nicht) durftest.**

12 **Warum …? Weil … Fragt und antwortet.**

- Warum warst du gestern nicht in der Schule?
- ○ Weil ich keine Lust hatte.

- Warum hattest du keine Lust?
- ○ Weil ich ausschlafen wollte.

- Warum wolltest du ausschlafen?
- ○ Weil …

ausschlafen wollen – müde sein – in der Nacht nicht schlafen können – Angst haben –
allein zu Hause sein – Eltern bei Tante Eva sein – Geburtstag haben – …

AB 6–14

C Musik war immer dabei

Lesen

13 **Welches Bild passt zu welchem Text? Ordne zu.**

1. ☐ Wolf Biermann ist Liedermacher und Lyriker. Er war freiwillig in die DDR übersiedelt, hat die DDR aber oft kritisiert und war durch seine regimekritischen Aktionen bekannt. Auf seinen Konzerten trägt er die Lieder meist mit Gitarre vor. Nach einem Auftritt in Köln durfte er nicht zurück in die DDR. Erst nach dem Fall der Berliner Mauer durfte er am 1. Dezember 1989 wieder in Leipzig auftreten. Das Konzert wurde im west- und im ostdeutschen Fernsehen gezeigt. Biermann hat in den letzten Jahren viele Auszeichnungen bekommen.

2. ☐ Ihren ersten großen Erfolg hatte die Sängerin Nena Mitte der 1980er Jahre mit „99 Luftballons". Damit war sie einer der Stars der „Neuen deutschen Welle". Viele junge deutsche Musiker und ihre Bands haben damals Popmusik in deutscher Sprache gemacht. Vielen Jugendlichen haben der freche, junge Stil und das Outfit von Nena gefallen. Dann war es einige Zeit ruhig um die Musikerin, doch mit Beginn des neuen Jahrtausends wurden auch deutschsprachige Songs wieder beliebt und Nena hatte ein Comeback.

3. ☐ In Jahr 2000 gründet die Musikerin Judith Holofernes mit einem Schlagzeuger, einem Keyboard-Spieler und einem Bassisten die Band „Wir sind Helden". Sie selbst schreibt die oft sehr lyrischen und kritischen Texte, spielt Gitarre und singt. Ihre Lieder handeln von der Liebe oder gesellschaftlichen Themen wie Konsum oder Erfolgsdruck. Der deutschlandweite Durchbruch gelingt „Wir sind Helden" mit ihrer ersten CD, die 2003 erscheint. Nach drei weiteren Alben, die alle auf Platz 1 oder 2 der Musik-Charts landen, hat sich die Band 2012 aufgelöst: Die Musiker wollten mehr Zeit für die eigenen Familien haben und Solo-Projekte machen.

4. ☐ „Die Fantastischen Vier" – oder kurz „Fanta 4" – ist eine der bekanntesten Bands Deutschlands: Die vier Musiker aus Stuttgart haben 1989 begonnen, deutschsprachigen Hip Hop zu machen. Sie rappen, aber trotzdem sind die Texte nicht skandalös oder unmoralisch. Die Musik der „Fanta 4" ist humorvoll und macht Spaß – und das schon sehr lange Zeit: In einem Vierteljahrhundert hat die Band mehr als 150 Lieder veröffentlicht. Auch als Schauspieler waren die Musiker erfolgreich: Sie durften die deutschen Synchronstimmen der Pinguine in dem Animationsfilm Madagascar sprechen. Das Kinopublikum hat sie geliebt.

14 **Lies noch einmal und beantworte die Fragen.**

1. Wo hat Wolf Biermann 1989 ein Konzert gegeben?
2. Welche Instrumente haben die Musiker von „Wir sind Helden" gespielt?
3. Wie viele Jahre lang machen „Die Fantastischen Vier" schon Musik?
4. Welche Musik macht Nena?
5. Wie viele Lieder haben die Fantastischen Vier geschrieben?
6. Warum durfte Wolf Biermann nicht mehr zurück in die DDR?
7. Warum haben sich „Wir sind Helden" aufgelöst?
8. Was war Nenas erster großer Hit?

Hören ▶ 56

15 **Ich war dabei! Wer berichtet worüber? Hör zu und ordne zu.**

Silke Lanz, 74

Heike Kirsch, 42

Paul Lehman, 57

| Wolf Biermann | der Film | Hildegard Knef |

| das Konzert | Udo Jürgens | das Theater |

Hören ▶ 57

16 **Was ist richtig? Hör noch einmal und kreuze an.**

1. Silke Lanz hat Hildegard Knef   in New York ☐ / in Berlin ☐ gesehen.
2. Sie hat immer noch   die Eintrittskarte ☐ / das Programmheft ☐.

3. Heike Kirsch ist ein großer Fan von   Udo Jürgens ☐ / Frank Sinatra ☐.
4. Sie hat mit ihm   in einem Film gespielt ☐ / ein Lied gesungen ☐.

5. Paul Lehmann mag vor allem   die Texte ☐ / die Energie ☐ von Wolf Biermann.
6. Er hat ihn auf einem Konzert   in Köln ☐ / in Leipzig ☐ gesehen.

20

Lesen

17 Malte und Felix waren 3 Tage auf einem Musikfestival. Welcher Satz passt zu welchem Bild? Ordne zu.

1. ☐ Das Zelt, das die Freunde auf dem Festivalgelände aufgestellt haben.
2. ☐ Die Casper-CD, die Felix und Malte auf der Autofahrt gehört haben.
3. ☐ Die Eintrittskarte, die für drei Tage Festival 156 € gekostet hat.
4. ☐ Der Regenmantel, der bei dem schlechten Wetter sehr praktisch war.
5. ☐ Der Sonnenhut, den Felix zu Hause vergessen hat.
6. ☐ Die Gitarren, die auf der Bühne gestanden haben.
7. ☐ Das Handtuch, das neben der Dusche auf dem Campingplatz gelegen hat.
8. ☐ Die Schlagzeugstöcke, die die Band ins Publikum geworfen hat.

Grammatik

18 Welche Relativpronomen findest du in Übung 17? Ergänze die Tabelle.

	maskulin	neutral	feminin	Plural
Nominativ				
Akkusativ		*das (Satz 1)*		

[**Phonetik**]

a Hör zu und achte auf *ng*. Welchen Buchstaben hörst du <u>nicht</u>? ▶ 58
streng – lang – langweilig – Junge – Sänger – anstrengend – Angst – unbedingt
b Hör zu und sprich nach. ▶ 59
c Frag deinen Partner / deine Partnerin.
Welchen Lehrer findest du streng?
Welches Fach findest du langweilig / anstrengend?
Welchen Jungen in deiner Klasse findest du am nettesten?

Landeskunde

Ein Denkmal in Berlin

Sechs Millionen Juden sind während der Nazi-Diktatur grausam getötet worden. Seit 2005 steht in Berlin das Holocaust-Mahnmal, das an den Völkermord der Deutschen an den Juden erinnert. Schon Millionen Menschen haben es besucht. Aber nicht nur Touristen schauen sich diese Sehenswürdigkeit an. Auch die Berliner besuchen das Denkmal für die ermordeten Juden Europas. Die meisten, die das Bauwerk gesehen haben, finden es sehr interessant. Das Denkmal ist ein großes Feld mit 2711 grauen Betonstelen, das zum Verweilen und Nachdenken einlädt.

Aber manche Besucher setzen sich bei schönem Wetter auf die Steine, springen von Stein zu Stein oder nutzen das Bauwerk, um zu picknicken. Geht das? Darf man das? Viele Politiker meinen: Nein, das darf man nicht. Das Holocaust-Mahnmal soll ein Ort cer Erinnerung und des Gedenkens sein. Unter der Erde ist ein Museum, in dem man vieles über den Holocaust erfahren kann. Dazu gehört ein Video-Archiv, in dem Interviews mit Überlebenden des Holocaust gezeigt werden.

Lesen

 Lies und bilde Sätze.

Während der Nazi-Diktatur	besuchen	sechs Millionen Juden	in Berlin.
Seit 2005	sind	Informationen	mit 2711 Stelen.
Millionen Menschen	ist	jedes Jahr	über den Holocaust.
Das Holocaust-Mahnmal	gibt es	das Holocaust-Mahnmal	gestorben.
Im Museum unter dem Denkmal	steht	ein großes Feld	das Denkmal.

Seit 2005 steht das Holocaust-Denkmal in Berlin.

_____

_____

Lesen

 Beantworte die Fragen.

1. Wie viele Juden sind während der Nazi-Diktatur gestorben?
2. Seit wann steht das Holocaust-Mahnmal in Berlin?
3. Wie sieht das Holocaust-Mahnmal aus?
4. Was befindet sich unter dem Holocaust-Mahnmal?

Grammatik auf einen Blick

Präteritum: *sein* und *haben* (3)

Am ersten Schultag war ich sehr aufgeregt.
Hattest du Angst?
War dein Vater streng?

	haben	sein
ich	hatte	war
du	hattest	warst
er, es, sie	hatte	war
wir	hatten	waren
ihr	hattet	wart
sie, Sie	hatten	waren

Wann verwendest du das Präteritum von sein *und* haben*?*

Wenn du etwas Vergangenes erzählst, verwendest du *sein* und *haben* im Präteritum.

Präteritum: Modalverben

Ich wollte unbedingt in die Schule gehen.
Musstest du zu Hause helfen?
Mit einem Jahr konnte die Oma schon laufen.
Wir durften in der Schule nicht sprechen.

	wollen	müssen	können	dürfen
ich	wollte	musste	konnte	durfte
du	wolltest	musstest	konntest	durftest
er, es, sie	wollte	musste	konnte	durfte
wir	wollten	mussten	konnten	durften
ihr	wolltet	musstet	konntet	durftet
sie, Sie	wollten	mussten	konnten	durften

Bildung:
woll-/muss-/konn-/durf- +
-te (ich), _____ (du),
_____ (er, es, sie)
_____ (wir), _____ (ihr),
_____ (sie, Sie)

Auch bei Modalverben verwendest du für Vergangenes das Präteritum.

musste, konnte, durfte

Nebensatz mit *als*

Was musstest du machen, als du 10 Jahre alt warst?
Als ich 10 Jahre alt war, musste ich früh schlafen gehen.

				konjugiertes Verb
Was musstest du machen,	als	du 10 Jahre alt		warst.

Wann verwendest du als*?*

als verwendest du, wenn du von Ereignissen erzählst, die nur einmal in der Vergangenheit passiert sind.

Relativpronomen (2)

Das Handtuch, das neben der Dusche gelegen hat.
Die Autogramme, die Casper geschrieben hat.

	maskulin	neutral	feminin	Plural
Nominativ	der	das	die	die
Akkusativ	den	das	die	die

Welche Form hat das Relativpronomen im Relativsatz?

Das Relativpronomen bezieht sich auf das Nomen vor dem Komma. Die Funktion des Relativpronomens im Relativsatz bestimmt den Kasus (Nominativ oder Akkusativ).

Relativsätze

Das ist der Sonnenhut, den Felix vergessen hat.
Das sind die Gitarren, die auf der Bühne gestanden haben.

	Relativsatz		
	Relativ-pronomen		konjugiertes Verb
Der Sonnenhut,	den	Felix vergessen	hat.

Wortschatz: Das ist neu!

der Schultag, -e
Wie war der erste Schultag?

der Erstklässer

die Erstklässerin, -nen

der Mitschüler, -

die Mitschülerin, -nen

die Tradition, -en

sich ändern (er ändert sich)
In letzter Zeit hat sich etwas geändert.

die Schultüte, n

enthalten (er enthält)

die Leckerei, -en
Die Schultüte enthält viele Leckereien.

die Süßigkeit, -en

das Bonbon, -s

der Buntstift, -e

das Malbuch, ¨er

der Zirkus, -se

die Erinnerung, -en

die Angst (Singular)

aufgeregt
Am ersten Schultag war ich sehr aufgeregt.

nervös
Am ersten Schultag war ich nervös.

lebhaft

sitzen
Wir mussten in der Schule ruhig sitzen.

unbedingt

abends

nachmittags

früh

aufbleiben (er bleibt auf)
Er darf abends lange aufbleiben.

ausschlafen (er schläft aus)
Ich möchte morgen gern ausschlafen.

aufräumen (er räumt auf)

sich unterhalten (er unterhält sich)
Oma konnte sich mit ihrem Vater nicht unterhalten.

weggehen (er geht weg)
Durftest du damals abends weggehen?

die Reise, -n

der Auftritt, -e

auftreten (er tritt auf)
Wolf Biermann durfte 1989 in Leipzig auftreten.

das Konzert, -e

das Publikum (Singular)

die Eintrittskarte, -n

das Programmheft, -e

der Schlagzeugstock, ¨e

der Hit, -s

das Lied, -er

deutschsprachig

gesellschaftlich

skandalös

unmoralisch

trotzdem

der Erfolg, -e

erfolgreich

der Durchbruch, ¨e

gelingen
Wir sind Helden gelingt 2003 der deutschlandweite Durchbruch.

gehören
Die CD gehört meiner Schwester.

freiwillig

übersiedeln

das Glück (Singular)
zum Glück

das Jahrhundert, -e

das Jahrtausend, -e

das Handtuch, ¨er

der Sonnenhut, ¨e

tragen (er trägt)

werfen (er wirft)

der Kontakt, -e

Traumjobs?

1 **Richtig (R) oder falsch (F)? Lies und kreuze an.**

Traumberuf
Feuerwehrmann

Viele junge Männer haben einen Traumberuf. Sie wollen Fußball-spieler, Manager, Pilot oder Mechaniker werden. Sehr beliebt unter den Traumjobs ist aber auch der Feuerwehrmann.

Die Feuerwehr hat viele Aufgaben. Sie rettet Menschen aus der Not, löscht Feuer und hilft bei Katastrophen. Auch in diesem Jahr bewerben sich wieder mehr als tausend Kandidaten bei der Berliner Feuerwehr. Bewerben können sich Männer und Frauen. Sie müssen mindestens einen Hauptschulabschluss haben und eine abgeschlossene Berufsausbildung. Ein 25-jähriger Bewerber sagt, warum er zur Feuerwehr möchte: „In diesem Beruf gibt es eine Menge Action, aber auch viel Verantwortung. Man hilft anderen Menschen und lernt jeden Tag etwas Neues hinzu." Die Prüfungen der Feuerwehr sind nicht einfach. Man muss vor allem gut sein in Mathe, Physik und Chemie. Außerdem gibt es einen Sport-Test, bei dem die Kandidaten laufen, schwimmen und zum Beispiel auf eine hohe Leiter steigen müssen. Auch Kraft und Koordination muss ein zukünftiger Feuerwehrmann haben. Am Ende können nur die besten Bewerber in ihrem Traumjob arbeiten.

	R	F
1. Die meisten Jungen träumen von einem Beruf als Feuerwehrmann.	☐	☐
2. Jedes Jahr bewerben sich 100 Leute bei der Berliner Feuerwehr.	☐	☐
3. Nur Männer haben eine Chance bei der Feuerwehr.	☐	☐
4. Nur wer das Abitur gemacht hat, kann sich bei der Feuerwehr bewerben.	☐	☐
5. Die Arbeit eines Feuerwehrmannes ist sehr spannend.	☐	☐
6. Wer Feuerwehrmann werden will, muss auch körperlich fit sein.	☐	☐

2 **Interview mit Herrn Wörner. Hör zu und ergänze den Steckbrief.**

Name: *Klaus Wörner*

Alter: _____

Beruf: _____

Fächer: _____

Wie kommt er zur Arbeit?   _____

Stunden pro Woche: _____

Mit dem Job zufrieden?   _____

Klaus Wörner

Schreiben

3 **Im Internet liest du die folgende Anzeige. Antworte in einer E-Mail und schreib zu jedem Punkt ein bis zwei Sätze.**

Geld im TV verdienen: DEINE Chance!

Für verschiedene Fernsehsendungen suchen wir
Jugendliche zwischen 14 und 18 Jahren für das Publikum!
Hast du Lust, in einer Fernsehshow live dabei zu sein
und dabei auch noch Geld zu verdienen?
Dann schreib uns doch einfach heute noch!

Extra TV

1. Stell dich kurz vor (Name, Alter, Wohnort, Hobbys).
2. Beschreibe dich (Größe, Haarfarbe, Augenfarbe, Charakter).
3. Was siehst du normalerweise im Fernsehen?
4. Warum möchtest du gern bei einer Fernsehsendung im Publikum sitzen?

Liebes Team von Extra TV,

_____

_____

_____

_____

_____

_____

_____

_____

_____

_____

4 Traumberufe. Führe ein Gespräch mit deinem Partner / deiner Partnerin und präsentiere ihre / seine Antworten.

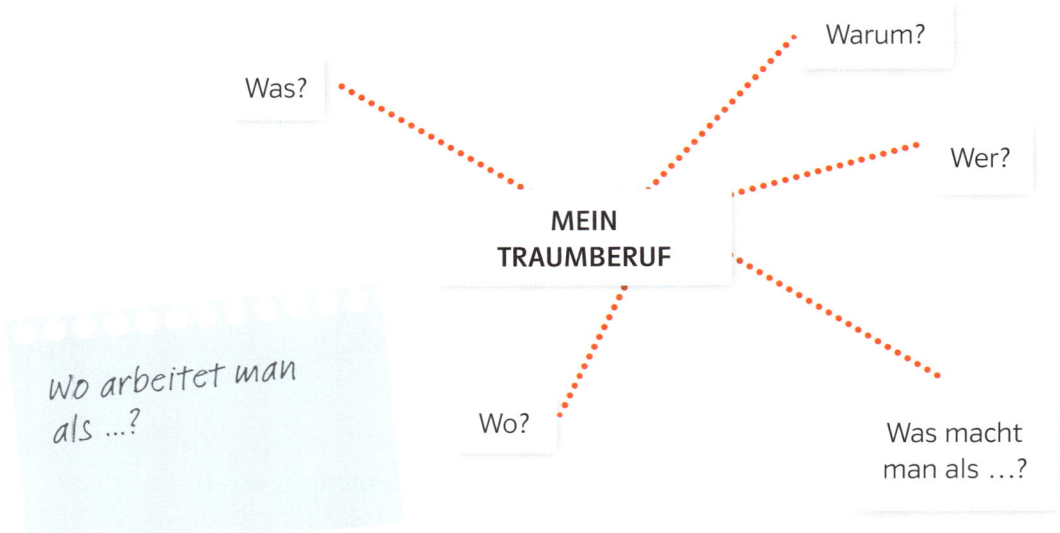

Was?

Warum?

Wer?

MEIN TRAUMBERUF

Wo?

Was macht man als …?

Wo arbeitet man als …?

5 Schau dir das Foto an und beschreib es. Die Fragen helfen dir dabei.

Was siehst du auf dem Bild?   Welchen Schülerjob macht der Junge?

Wo sind die zwei Personen?   Möchtest du den Job auch gern machen? Warum (nicht)?

Was macht der Junge?   Welcher Schülerjob gefällt dir?

Was macht die Frau?

Landeskunde

Nach der Schule noch arbeiten!
Die Schülerjobs

Anteil von Schülerinnen und Schülern im Alter von 13 bis 19 Jahren mit Schülerjobs in %

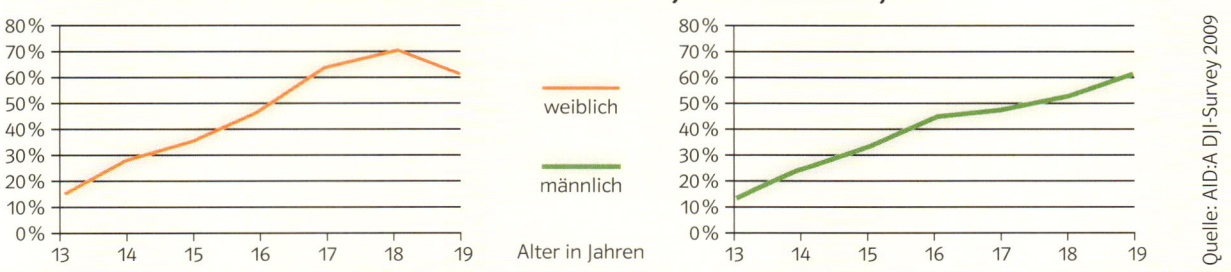

Quelle: AID:A DJI-Survey 2009

Eine tolle Möglichkeit, um schon in jungen Jahren eigenes Geld zu verdienen, sind Schülerjobs. Die Klassiker sind Babysitten, Zeitung austragen oder Kellnern. Auch in der Nachbarschaft kann man als Schüler seine Hilfe anbieten und gegen Geld den Rasen mähen oder mit dem Hund spazieren gehen. Wenn man gut in der Schule ist, kann man jüngeren Schülern Nachhilfe in einzelnen Fächern wie Mathematik oder Fremdsprachen anbieten. In manchen Supermärkten sitzen auch Schüler an der Kasse oder füllen die Regale wieder auf, um etwas dazu zu verdienen. Allerdings erst nachmittags, wenn die Schule vorbei ist. Das ist gesetzlich so festgelegt. Schüler, die jünger als 13 Jahre sind, dürfen gar nicht arbeiten, steht im Jugendarbeitsschutzgesetz. 13- bis 15-Jährige dürfen max. 2 Stunden pro Tag arbeiten und nicht später als 20 Uhr. Für Jugendliche gilt: bis zu 8 Stunden pro Tag, fünf Tage die Woche ist erlaubt, wenn keine Schulpflicht mehr besteht. Gefährliche Jobs sind für Kinder und Jugendliche ganz verboten. Mit Schülerjobs kann man in Deutschland etwa zwischen 8 und 15 € pro Stunde verdienen, das kommt ganz auf die Arbeit an. In großen Universitätsstädten ist es manchmal nicht so leicht als Schüler, einen Nebenjob in einer Firma zu bekommen, weil die Studenten oft um die gleichen Jobs konkurrieren.

Lesen

6 **Lies den Text und die Grafik. Beantworte die Fragen.**

1. In welchem Alter haben die meisten Schüler und Schülerinnen einen Nebenjob?
2. Wann sinkt die Anzahl der Schülerjobs? Und warum?
3. Dürfen 13-Jährige in Deutschland mehr als 6 Stunden arbeiten?

Sprechen

7 **Sprecht und diskutiert in der Klasse.**

Wie viele Personen in eurer Klasse haben einen Schülerjob?
Warum haben sich diese Schüler dafür entschieden?
Welche Schülerjobs sind in eurem Land beliebt?
Gibt es Regeln, wann und wie lange ein Schüler oder eine Schülerin arbeiten darf?

Wichtige unregelmäßige Verben

Infinitiv	Präsens	Perfekt
beginnen	beginnt	hat begonnen
bleiben	bleibt	ist geblieben
brechen	bricht	hat gebrochen
bringen	bringt	hat gebracht
denken	denkt	hat gedacht
essen	isst	hat gegessen
fahren	fährt	ist gefahren
fallen	fällt	ist gefallen
finden	findet	hat gefunden
fliegen	fliegt	ist geflogen
geben	gibt	hat gegeben
gehen	geht	ist gegangen
gewinnen	gewinnt	hat gewonnen
helfen	hilft	hat geholfen
kommen	kommt	ist gekommen
laufen	läuft	ist gelaufen
lesen	liest	hat gelesen
liegen	liegt	hat gelegen
nehmen	nimmt	hat genommen
reiten	reitet	ist geritten
schießen	schießt	hat geschossen
schlafen	schläft	hat geschlafen
schreiben	schreibt	hat geschrieben
schwimmen	schwimmt	ist geschwommen
sehen	sieht	hat gesehen
sitzen	sitzt	hat gesessen
sprechen	spricht	hat gesprochen
stehen	steht	hat gestanden
tragen	trägt	hat getragen
treffen	trifft	hat getroffen
trinken	trinkt	hat getrunken
vergessen	vergisst	hat vergessen
verstehen	versteht	hat verstanden
werden	wird	ist geworden
werfen	wirft	hat geworfen
wissen	weiß	hat gewusst

Bildquellen

U1 Klett-Archiv (Stephan Klonk), Stuttgart; **U2** Klett-Archiv, Stuttgart; **8** Klett-Archiv (Stephan Klonk), Stuttgart; **9.1** Fotolia.com (Christophe Fouquin), New York; **9.2** Fotolia.com (novro), New York; **9.3** Dreamstime.com (Gvictoria), Brentwood, TN; **9.4** iStockphoto (fotofrog), Calgary, Alberta; **9.5** Thinkstock (Ikonoklast_Fotografie), München; **9.6** Thinkstock (Ikonoklast_Fotografie), München; **9.7** Fotolia.com (Heinz Schiffer), New York; **9.8** Shutterstock (Vereshchagin Dmitry), New York; **9.9** Shutterstock (Tupungato), New York; **10, 13** Klett-Archiv (Stephan Klonk), Stuttgart; **14.1** Fotolia.com (Kletr), New York; **14.2** Fotolia.com (Pecold), New York; **15.1** iStockphoto (Kemter), Calgary, Alberta; **15.2** Thinkstock (Zsolt Nyulaszi), München; **15.3** iStockphoto (kevinruss), Calgary, Alberta; **15.4** iStockphoto (claudio.arnese), Calgary, Alberta; **15.5** iStockphoto (rarpia), Calgary, Alberta; **17** Shutterstock (bikeriderlondon), New York; **20, 22** Klett-Archiv (Stephan Klonk), Stuttgart; **25.1** Thinkstock (Markus Münch), München; **25.2** Thinkstock (karammiri), München; **25.3** Thinkstock (Jupiterimages), München; **25.4** Thinkstock (Scovad), München; **25.5** Thinkstock (archideaphoto), München; **25.6** Thinkstock (Dmitry Kutlayev), München; **25.7** Thinkstock (Elnur), München; **25.8** Fotolia.com (fischer-cg.de), New York; **25.9** Thinkstock (JZhuk), München; **25.10** Thinkstock (Anika-Salsera), München; **25.11** Fotolia.com (Mihalis A.), New York; **25.12** Thinkstock (Tomasz Trojanowski), München; **25.13** Thinkstock (George Doyle), München; **25.14** Thinkstock (Zoonar RF), München; **31.1** Fotolia.com (Jan Kranendonk), New York; **31.2** Fotolia.com (Immo Schiller), New York; **31.3** Fotolia.com (Reinalde Roick), New York; **31.4** iStockphoto (m-1975), Calgary, Alberta; **31.5** iStockphoto (xyno), Calgary, Alberta; **31.6** iStockphoto (kati1313), Calgary, Alberta; **31.7** iStockphoto (Shelly Perry), Calgary, Alberta; **31.8** Thinkstock (Jupiterimages), München; **31.9** Fotolia.com (anoli), New York; **31.10** Thinkstock (Lite Productions), München; **32.1** Fotolia.com (Peter Atkins), New York; **32.2** Thinkstock (Jupiterimages), München; **34.1** iStockphoto (YinYang), Calgary, Alberta; **34.2** Fotolia.com (U. Brothagen), New York; **35** Shutterstock (freesoulproduction), New York; **36, 37.1, 37.2, 37.3, 37.4, 37.5, 37.6, 39, 40** Klett-Archiv (Stephan Klonk), Stuttgart; **41** Thinkstock (tuulijumala), München; **43.1** Fotolia.com (tschiponnique), New York; **43.2** ullstein bild (Schnürer), Berlin; **46, 48, 49** Klett-Archiv (Stephan Klonk), Stuttgart; **50.1** Thinkstock (Linda Yolanda), München; **50.2** Thinkstock (tetmc), München; **50.3** Thinkstock (Fuse), München; **50.4** Fotolia.com (goodluz), New York; **51** Klett-Archiv (Stephan Klonk), Stuttgart; **53** iStockphoto (Brasil2), Calgary, Alberta; **57** iStockphoto (ranplett), Calgary, Alberta; **59** iStockphoto (Arpad Benedek), Calgary, Alberta; **60.1** Thinkstock (IT Stock), München; **60.2** Thinkstock (Jupiterimages), München; **61** Fotolia.com (fotandy), New York; **62.1, 62.2, 62.3, 62.4, 62.5, 63.1, 63.2, 63.3, 63.4, 63.5, 65.1, 65.2, 65.3, 66.1** Klett-Archiv (Stephan Klonk), Stuttgart; **66.2** Thinkstock (Stan Rippel), München; **66.3** iStockphoto (DarthArt), Calgary, Alberta; **68** Fotolia.com (foto.fritz), New York; **72.1** Thinkstock (Georgios Kollidas), München; **72.2** Thinkstock (GeorgiosArt), München; **72.3** ullstein bild (The Granger Collection), Berlin; **72.4** Thinkstock (Photos.com), München; **72.5** Thinkstock (GeorgiosArt), München; **72.6** ullstein bild (Imagno), Berlin; **72.7** ullstein bild (Emil Otto Hoppe), Berlin; **74.1** Thinkstock (GeorgiosArt), München; **74.2** Thinkstock (Georgios Kollidas), München; **74.3** ullstein bild (Emil Otto Hoppe), Berlin; **75.1** iStockphoto (ctera), Calgary, Alberta; **75.2** Shutterstock (Scott Sanders), New York; **75.3** Thinkstock (eyewave), München; **75.4** Fotolia.com (Arnd Drifte), New York; **75.5** iStockphoto (Grafissimo), Calgary, Alberta; **76.1** Thinkstock (xyno), München; **76.2** Fotolia.com (fuxart), New York; **77** Klett-Archiv (Stephan Klonk), Stuttgart; **78.1** Shutterstock (Max Earey), New York; **78.2** Fotolia.com (Mixage), New York; **79.1** Shutterstock (Rob Wilson), New York; **79.2** Shutterstock (Dong liu), New York; **79.3** Shutterstock (Maksim Toome), New York; **79.4** Shutterstock (S.Borisov), New York; **80** Fotolia.com (alma_sacra), New York; **85** Klett-Archiv (Zeynep Kathmann), Stuttgart; **86.1** Fotolia.com (obelicks), New York; **86.2** Klett-Archiv (Stephan Klonk), Stuttgart; **87** Fotolia.com (Michael Schütze), New York; **88** Fotolia.com (Giuseppe Porzani), New York; **89.1** Fotolia.com (ferkelraggae), New York; **89.2** Fotolia.com (autofocus67), New York; **90, 92.1** Klett-Archiv (Stephan Klonk), Stuttgart; **92.2** Thinkstock (Fuego), München; **93.1, 93.2, 95, 96, 99** Klett-Archiv (Stephan Klonk), Stuttgart; **100.1** iStockphoto (Chris Schmidt), Calgary, Alberta; **100.2** Thinkstock (Michael Zimberov), München; **100.3** Fotolia.com (Joachim Opelka), New York; **104.1** Klett-Archiv (Stephan Klonk), Stuttgart; **104.2** iStockphoto (danbreckwoldt), Calgary, Alberta; **104.3** iStockphoto (dlugoska), Calgary, Alberta; **105.1** Klett-Archiv (Stephan Klonk), Stuttgart; **105.2** iStockphoto (Manuel Faba Ortega), Calgary, Alberta; **105.3** Thinkstock (CAHKT), München; **105.4** Thinkstock (ViktorCap), München; **106** Thinkstock (xyno6), München; **107.1, 107.2, 107.3, 107.4, 107.5** Klett-Archiv (Stephan Klonk), Stuttgart; **108.1** Thinkstock (Jupiterimages), München; **108.2** Thinkstock (encrier), München; **109.1** Thinkstock (Wavebreakmedia Ltd), München; **109.2** Thinkstock (killerb10), München; **109.3** iStockphoto (Shelly Perry), Calgary, Alberta; **110** iStockphoto (FrankvandenBergh), Calgary, Alberta; **111** Klett-Archiv (Stephan Klonk), Stuttgart; **116.1** Shutterstock (manfredxy), New York; **116.2** Fotolia.com (Arnd Drifte), New York; **116.3** Shutterstock (Manfred Steinbach), New York; **116.4** Shutterstock (Kochneva Tetyana), New York; **116.5** Shutterstock (marvellousworld), New York; **116.6** Fotolia.com (Anselm Baumgart), New York; **117.1** iStockphoto (YT), Calgary, Alberta; **117.2** iStockphoto (Plougmann), Calgary, Alberta; **117.3** Thinkstock (zhang bo), München; **118.1** iStockphoto (TwilightEye), Calgary, Alberta; **118.2** iStockphoto (Kouptsova), Calgary, Alberta; **120** Thinkstock (Falk Kienas), München; **121.1** iStockphoto (Lammeyer), Calgary, Alberta; **121.2** Thinkstock (vora), München; **121.3** iStockphoto (Rolphus), Calgary, Alberta; **122.1** Thinkstock (Wavebreakmedia Ltd), München; **122.2** Thinkstock (RAYES), München; **122.3** iStockphoto (AnnettVauteck), Calgary, Alberta; **122.4** Fotolia.com (MAST), New York; **122.5** Thinkstock (kadmy), München; **122.6** Thinkstock (monkeybusinessimages), München; **122.7** Thinkstock (fcscafeine), München; **122.8** iStockphoto (GodfriedEdelman), Calgary, Alberta; **122.9** Thinkstock (VALPAZOU), München; **122.10** iStockphoto (erierika), Calgary, Alberta; **122.11** Thinkstock (Wavebreakmedia Ltd), München; **122.12** Thinkstock (sodapix sodapix), München; **125, 126** Klett-Archiv (Stephan Klonk), Stuttgart; **128.1** laif (Andreas Teichmann), Köln; **128.2** iStockphoto (alexey05), Calgary, Alberta; **128.3** iStockphoto (Shelly Perry), Calgary, Alberta; **129.1** iStockphoto (MaszaS), Calgary, Alberta; **129.2** Thinkstock (Brand X Pictures), München; **130.1** Thinkstock (Picsfive), München; **130.2** Fotolia.com (markus_marb), New York; **134.1** Shutterstock (racorn), New York; **134.2** Fotolia.com (Activa), New York; **135.1** Thinkstock (Wavebreakmedia Ltd), München; **135.2** Thinkstock (Jupiterimages), München; **135.3** iStockphoto (Claudiad), Calgary, Alberta; **135.4** iStockphoto (Shelly Perry), Calgary, Alberta; **136, 137.1, 137.2** Klett-Archiv (Stephan Klonk), Stuttgart; **139.1** ullstein bild (Brill), Berlin; **139.2** picture alliance (Geisler-Fotopress), Frankfurt; **139.3** picture alliance (Erwin Elsner), Frankfurt; **139.4** ullstein bild (Jazz Archiv Hamburg), Berlin; **140.1** Thinkstock (Ammentorp-DK), München; **140.2** Stockphoto (msdnv), Calgary, Alberta; **140.3** iStockphoto (cluckhart), Calgary, Alberta; **141.1** Thinkstock (Mypurgatoryyears), München; **141.2** Thinkstock (Benjamin Miner), München; **141.3** Thinkstock (Lilyana Vynogradova), München; **141.4** Thinkstock (Grapix J.), München; **141.5** Thinkstock (Nerthuz), München; **141.6** Thinkstock (bert_phantana), München; **141.7** Thinkstock (Lusoimages), München; **141.8** Thinkstock (Liufuyu), München; **142** Fotolia.com (philipus), New York; **146.1** Fotolia.com (Peter38), New York; **146.2** Fotolia.com (Matze), New York; **147** iStockphoto (AndreasReh), Calgary, Alberta; **148** Shutterstock (Monkey Business Images), New York

Magnet neu A2, Kursbuch, Audio-CD

Titel	Lektion, Übung	Länge
1	Lektion 11, Übung 1	0:23
2	Lektion 11, Übung 4	1:13
3	Lektion 11, Übung 12	2:04
4	Lektion 11, Phonetik, a	0:36
5	Lektion 11, Phonetik, b	0:20
6	Lektion 12, Übung 13	1:01
7	Lektion 12, Übung 18	0:51
8	Lektion 12, Übung 20	1:08
9	Lektion 12, Phonetik, a	1:08
10	Lektion 12, Phonetik, b	1:33
11	Zwischenstation 6, Übung 3	3:08
12	Lektion 13, Übung 2	0:46
13	Lektion 13, Übung 7	0:41
14	Lektion 13, Übung 8	0:41
15	Lektion 13, Übung 10	1:10
16	Lektion 13, Phonetik, a	0:32
17	Lektion 13, Phonetik, b	1:01
18	Lektion 14, Übung 1	0:24
19	Lektion 14, Übung 2	0:56
20	Lektion 14, Übung 9	0:40
21	Lektion 14, Übung 14	1:39
22	Lektion 14, Phonetik, a	0:35
23	Lektion 14, Phonetik, b	0:50
24	Zwischenstation 7, Übung 2	1:51
25	Zwischenstation 7, Übung 6	2:03
26	Lektion 15, Übung 5	0:43
27	Lektion 15, Übung 10	0:29
28	Lektion 15, Phonetik, a	1:04
29	Lektion 15, Phonetik, b	1:24
30	Lektion 16, Übung 3	0:50
31	Lektion 16, Phonetik, a	0:45
32	Lektion 16, Phonetik, b	0:28
33	Zwischenstation 8, Übung 1	0:33
34	Zwischenstation 8, Übung 3	1:15
35	Lektion 17, Übung 1	0:41
36	Lektion 17, Übung 3	1:06
37	Lektion 17, Übung 12	0:25
38	Lektion 17, Übung 17	1:02
39	Lektion 17, Übung 18	1:08
40	Lektion 17, Phonetik, a	0:30
41	Lektion 17, Phonetik, b	0:38
42	Lektion 18, Übung 1	0:29
43	Lektion 18, Übung 13	2:07
44	Lektion 18, Übung 15	0:46
45	Lektion 18, Phonetik, a	1:15
46	Lektion 18, Phonetik, b	0:24
47	Zwischenstation 9, Übung 4	3:25
48	Zwischenstation 9, Übung 7	1:38
49	Lektion 19, Übung 2	1:22
50	Lektion 19, Übung 4	3:03
51	Lektion 19, Übung 5	3:03
52	Lektion 19, Übung 18	2:27
53	Lektion 19, Phonetik, a	0:36
54	Lektion 19, Phonetik, b	1:00
55	Lektion 20, Übung 6	0:48
56	Lektion 20, Übung 15	3:03
57	Lektion 20, Übung 16	3:03
58	Lektion 20, Phonetik, a	0:26
59	Lektion 20, Phonetik, b	0:33
60	Zwischenstation 10, Übung 2	1:56
	gesamt:	72:10

Audio-CD Impressum

Sprecher: Julia Bär, Coleen Clement, Lena Reinheimer, Inge Spaughton, Michael Stülpnagel, Henrik van Ypsilon u.a.

Tontechnik: Marcel Schechter

Produktion: Studio Networks S.r.l., Mailand (italienische Ausgabe), Bauer Studios GmbH, Ludwigsburg (internationale Ausgabe)

Presswerk: Osswald GmbH & Co., Leinfelden-Echterdingen